Par le P. Claude-François Menestrier - V. Barbier

La 1re partie est le Veritable art du blason.

LES RECHERCHES DU BLASON.

SECONDE PARTIE

DE L'USAGE DES ARMOIRIES.

A PARIS,
Chez ESTIENNE MICHALLET, ruë Saint Jacques, à l'Image Saint Paul, proche la Fontaine Saint Severin.

M. DC. LXXIII.
Avec Privilege du Roy.

AVERTISSEMENT.

LE peu de rapport qu'il y a entre un traité des Armoiries, & les travaux plus ſerieux auſquels je ſuis occupé depuis quelques années, m'obligent de rendre conte au public des motifs qui m'ont porté à entreprendre cét ouvrage.

Il y a plus de quinze ans qu'ayant fait reflexion que noſtre eſprit n'agit que par images en la pluſpart de ſes operations, & qu'il a ſceu trouver des ſignes & des figures ſenſibles pour nous exprimer ſes penſées & ſes deſſeins les plus cachez, d'une maniere ingenieuſe, je reſolus pour ſatisfaire mon inclination, & pour attacher mes eſtudes à quelque choſe d'agreable & de reglé, d'entreprendre de penetrer dans la *Philoſophie des Images*, & d'en rechercher les principes. Je donnay d'abord dans les Armoiries, dans les Deviſes, les Emblemes, les Medailles, & les Hieroglyphiques, & paſſant inſenſiblement de ces

Arts ingenieux à tous les spectacles sçavans, qui font le plaisir de l'esprit, en faisant le divertissement des yeux, je conceus enfin la pensée de faire un corps entier de ces Images, & de les reduire en regles. Ce fut sur ces premieres vûes que je divisay mon dessein en quatre parties, que je voulois qui distinguassent toutes ces images spirituelles en quatre especes differentes, à sçavoir en general 1. La Philosophie des Images. 2. Les Images des yeux & de l'esprit. 3. Les Images qui sont propres de l'imagination. 4. Les images symboliques deja fixées, & liées a certaines regles.

Je rangeois sous les premieres toutes les operations des Sens, du Jugement, de la Memoire, de l'Esprit, de la Volonté, des Passions, & des idées, qui naturellement sont d'elles-mesmes des images, & des expressions des choses.

Je mettois entre les secondes les decorations d'Eglise pour les festes extraordinaires, les peintures des galeries, des lieux publics & des Palais. Les spectacles, les Tragedies, les Comedies, les Ballets, les receptions des Princes, les Machines, les Carrousels, & autres pareilles choses.

Je raportrois aux troisiémes les figures & les tours ingenieux de l'Art de persuader, & les fictions Poetiques qui sont des artifices ingenieux de l'imagination.

Enfin je faisois les quatriémes des Enigmes, Emblemes, Devises, Chiffres, Blasons, Hieroglyphiques, & autres semblables choses.

Je voyois que la pluspart de ces Images estoient assez du goust du siecle, que l'on aimoit les devises, qu'on se plaisoit aux spectacles, & que les Armoiries estoient par tout repesentées. Il me sembla que ces peintures n'estoient pas encor bien connuës apres tant de traitez, & de recherches qui s'estoient faites sur ce sujet. Je trouvois qu'on les confondoit souvent les unes avec les autres, & que l'on ne cővenoit pas assez des regles qu'on leur donnoit, faute de les avoir données d'une maniere methodique & raisonnée.

Tout cela me fit entreprendre d'écrire sur cette matiere, en un temps où mes emplois, & mes occupations s'accommodoient entierement à cette sorte d'estude. Je publiay deslors quelques parties de ce grand & vaste dessein, en attendant l'occasion de les amasser en un corps. Je commençay par deux petits traitez des Armoiries, que j'ay fait depuis suivre de quatre autres. Je donnay l'art des Emblemes, un petit traité des Ballets, un grand traité des Carrousels, un traité des feux d'artifice, la reception d'un Prince dans la capitale de ses estats: deux ou trois appareils funebres, des festes de canonization, un traité des caracteres de l'histoire, & un plan de l'art de persuader.

J'ay crû qu'apres de si grandes auances je ne devois pas quitter un dessein de cette sorte, & considerant cette estude, comme un delassement honneste dans l'employ qui m'occupe maintenant. Je me suis persuadé que l'on ne trouveroit pas à dire à un ouvrage, ou ce qui me reste à traiter est assez grave & serieux. Comme toute la premiere Partie, qui est absolumẽt Philosophique, & dans la seconde un Traité de la Peinture, & des decorations des Eglises pour les Festes. Dans la troisiéme une Rhetorique accommodée au genie de nostre langue, & de nostre nation, avec un Traité du

Panegirique. Et dans la quatriéme les Enigmes dont l'Ecriture nous fournit tant d'exemples, les Hieroglyphiques, qui sont d'eux mesmes une matiere sacrée, les Devises, qui sont si spirituelles, & un Traité des Etymologies du Blazon, qui est une espece de Grammaire, & un traité des Preuves de Noblesse qui se font dans tant d'Eglises, & dans tant d'Ordres de Chevalerie. Enfin je crois que ne pouvant pas donner si tost le corps entier de cet ouvrage dont j'ay donné diverses pieces, j'en puis bien mettre icy le plan, & le dessein tout entier.

PREMIERE PARTIE.

La Philosophie des Images.

COmme il y a dans la nature six sortes d'Images sensibles.

1. Celles que reflechissent les corps polis, comme le marbre, les miroirs, la glace, le verre, & les eaux quand elles sont pures, & tranquilles.

2. Celles qui se gravent sur le cuivre, & sur le bois pour estre imprimées.

3. Celles qui se peignent avec le char-

bon & les couleurs.

4. Celles qui s'impriment & se tirent des Images gravées.

5. Celles qui se taillent avec le ciseau & le marteau sur le bois & sur le marbre.

6. Et celles qui se jettent dans les moules, & dans les moyeux.

Il y a aussi six facultez de l'homme qui travaillent en Images.

1. LES YEUX reçoivent celles de tous les objets qui se presentent à eux comme les miroirs, & les corps polis : aussi sont-ils les miroirs de l'ame.

2. L'IMAGINATION grave des images dans l'ame & sur le corps.

3. LA MEMOIRE les imprime & les arrange.

4. LE JUGEMENT les moule en les comparant les unes avec les autres pour les rectifier.

5. L'ENTENDEMENT peint & taille, puis qu'il unit les choses pour en tirer des consequences, & les separe par Analysie pour les connoistre.

6. LA VOLONTE' toute aveugle qu'elle est a ses inclinations, ses habitudes, & ses affections, qui sont à leur maniere des Images semblables à ces Talismans

dont les Magiciens se servent pour faire des choses extraordinaires. Les Images de l'Amour, de la Haine, de la Crainte, de l'Esperance, & des autres passions dont les Esprits animaux se peignent, & se figurent, ne sont pas la moindre partie de ce Traité, dont ce n'est là que le plan de la premiere Partie. Voicy celuy de la seconde.

Tous les Arts, & toutes les sciences ne travaillent qu'en Images, puis que tous les Arts ne sont que des imitations de la nature, & toutes les Sciences les figures, & les expressions ideelles des choses que nous connoissons.

LA THEOLOGIE fait des Images des choses surnaturelles, & divines, pour tascher de concevoir des veritez & des mysteres, qui sont d'eux mesmes incomprehensibles.

LA PHILOSOPHIE a ses Images dans ses notions, & c'est de leur diverse vûë que naissent toutes les disputes, & les contestations des sçavans. Parce que comme ces Images se voyent diversement selon les divers points dont elles sont regardées, ce qui change les situations; il arrive dans les Ecoles ce qui arrive dans les Accademies des Peintres, où tous copient le mesme modele, & font tous diverses figures, parce que l'un void ce modele de front, un autre à demy de costé, un autre en tiers, un autre à dos. Il en est de mesme des choses qu'un esprit prevenu regarde, il les void de tout autre sens qu'un esptit qui n'est pas preoccupé. Et c'est cette perspective de la Contemplation & de l'Estude, qui est la source infaillible de toutes les disputes des sçavans sur une mesme matiere.

LA JURISTRUDENCE est l'Image du bien public, que nous nous representons comme une espece de corps, dont le Souverain est le Chef, les Magistrats & la Noblesse les parties les plus considerables, & le peuple les autres membres. C'est ce corps que la justice fait agir diversement selon ses divers organes, & & les hommes prevenus de la necessité qu'il y a de conserver ce corps qui n'est qu'un corps moral, consentent à recevoir des loix & s'y soûmettent volontiers, parce que chacun d'eux trouve son interest particulier en la conservation de ce corps.

L'HISTOIRE est la peinture des évenemens, des desseins, des entreprises, & des mouvemens de ce corps. Et si elle a besoin du secours de la *Geographie*, & de la *Chronologie*; c'est parce que l'une luy est une peinture fidele des lieux où ces choses se font, & l'autre le portrait des temps ausquels ces choses se sont faites. On imprime actuellement le Traité que j'ay composé des divers caracteres de l'Histoire.

LA MEDECINE n'est qu'une image de la constitution interieure, & exterieure du corps de l'homme, de ses affections, & de ses organizations pour les fonctions vitales. Et la nature soigneuse de la conservation de ce corps a pris soin elle-mesme de marquer la plus-part des remedes necessaires pour en guerir les maladies, dans les signatures des plantes.

L'ASTRONOMIE a remply le Ciel d'images pour en expliquer les figures & les mouvemens.

L'ARITHMETIQUE peint les nombres pour soulager la memoire, & l'imagination.

LA MUSIQUE a fait les yeux juges de

tous les accords & de toutes les Harmonies.

LA GEOMETRIE mesure toutes choses par Lignes, par Angles, & par Figures.

Enfin toute la MATHEMATIQUE estant une science demonstrative ne consiste qu'en images.

LA GRAMMAIRE est comme dit un de nos Poëtes,

Vn Art ingenieux
De peindre la parole, & de parler aux yeux,
Et par les traits divers des figures tracées
Donner de la couleur & du corps aux pensées.

LA FABLE ancienne estoit une Philosophie en images.

LA POESIE dont le propre est de feindre, est une faiseuse d'images.

L'ELOQUENCE a ses figures, & la Rhetorique enseigne l'Art de persuader par images, puisqu'elle fait profession de persuader par le vray-semblable.

AVERTISSEMENT.

SECONDE PARTIE.

Des Images sçavantes pour l'instruction & le divertissement des yeux.

CETTE Partie contiendra plusieurs Traitez.

1. Des Tournois, Joustes, Carrousels, & autres spectacles à Cheval. Il est deja imprimé.

2. Des Ballets. Il y en a quelque chose d'imprimé.

3. Des Spectacles de recit, & de representation, Tragedies, Comedies, Recits, & representations en Musique.

4. Des Receptions des Princes, Arcs de Triomphe, &c.

Il y en a une partie d'imprimé à l'occasion des nopces du Duc de Savoye.

5. Des Feux d'Artifice. Il est imprimé avec les réjoüissances faites pour la publication de la Paix.

6. Des Pompes funebres. Il y en a une partie d'imprimé à l'occasion des funerailles de la feuë Reyne, & des deux dernieres Duchesses de Savoye, sous les titres des Graces pleurantes sur le tombeau d'Anne d'Austriche, & des larmes

de la Majesté & de l'Amour.

7. Des Inventions de peinture pour les Palais, Eglises, Galeries, Cabinets, &c.

8. Des Decorations des Eglises pour les Canonizations, Festes, Reposoirs, & Processions solemnelles. Il y en a quelque chose d'imprimé, à l'occasion des ceremonies faites en divers endroits pour la Canonization de Saint François de Sales. Sous les titres du nouvel Astre de l'Eglise, des Transfigurations sacrées, de la nouvelle naissance du Phœnix, & du Triomphe des Vertus.

TROISIÉME PARTIE.

DEs Images qui ne sont que pour l'imagination sans servir aux yeux, comme les Inventions Poëtiques, les Tours, & les vuës de l'éloquence. Cette Partie ne contiendra que deux Traitez, une Poëtique, & une Rhetorique raisonnées, dont j'ay autrefois donné un essay, en des Theses Latines.

QUATRIÉME PARTIE.

Des Images symboliques.

IL y a dix Traitez en cette Partie.

1. *Les Hieroglyphiques*, qui sont les images des choses sacrées, surnaturelles & divines, divisez en trois classes, des Hieroglyphiques de la Theologie Payenne, de la Theologie Juifve, & de la Theologie Chrestienne.

2. *Les Symboles*, qui sont des images sensibles des choses naturelles, & de leurs proprietez.

3. *Les Emblêmes*, qui sont les enseignemens Moraux, Politiques, & Academiques mis en images. Ce Traité est imprimé.

4. *Les Devises*, qui representent par Images les entreprises de Guerre, d'Amour, de Pieté, d'Estude, d'Intrigue, & de Fortune.

Le *Blason & les Genealogies*, qui representent en Images la Naissance, la Noblesse, les Alliances, les Emplois, & les belles actions. Il y en a six petits Volumes imprimez.

6. *Les Revers des Iettons & des Me-*

dailles, qui representent les grands evenemens, & les belles actions des Princes & des Magistrats.

7. *L'Iconologie*, qui est la peinture des choses purement morales, comme si elles estoient des personnes vivantes, comme l'Honneur, la Vertu, le Plaisir, la Noblesse, & la Joye. Ce Traité est utile pour les Peintres, pour les Poetes, & pour les faiseurs d'Emblêmes, de Ballets, & de Representions.

8. *Les Lettres chiffrées*, pour cacher ses pensées, & pour ne les découvrir qu'à certaines personnes, avec les demonstrations des manieres de Déchiffrer en toutes sortes de Langues.

9. *Les Enigmes*, qui sont les choses Naturelles & Historiques cachées sous des figures, dont il faut trouver la Clef pour en penetrer le sens.

10. *Les Chiffres des Noms, & les Rebus*, qui sont des Lettres entrelassées pour representer des Noms entiers, & des figures qui representent des Sentences entieres.

RECHERCHES DU BLASON.

JE joins à l'usage des Armoiries les Recherches du Blason, pour la pratique des Bannieres, du cry de Guerre, des Devises, & des Monumens qui servent à connoître la Grandeur, & l'Ancienneté des Familles. Il y a dans ces Recherches beaucoup de choses curieuses, & absolument necessaires à l'Intelligence des Armoiries, quoy qu'elles ne soient pas toûjours de la pratique ordinaire du Blason. Je donneray ensuite les Armoiries ou Devises particulieres des Ordres Religieux, & la cause de ces Devises. Les

Ordonnances des Princes pour la pratique du Blason, & de tous ses Ornemens, & diverses inventions, qui ont rapport aux Armoiries. Ainsi il ne manquera plus à la connoissance parfaite de cét Art, que les Etymologies de ses Termes, quelques questions de Droit, qui regardent l'usage & la pratique des Armoiries, avec la maniere des Lettres de Noblesse, des preuves qui se font pour la Chevalerie, pour les Dignitez Ecclesiastiques des Chapitres d'Allemagne, des Comtes de Lion, & de Brioude, des Religieux de Saint Claude en Franche-Comté, des Chanoinesses de Mons, de Remiremont, & de divers autres endroits, avec la pratique des Quatre, Huit, *Seize*, Trente-deux, & Soixante Quartiers, & celle des Genealogies, avec la façon de les dresser. Aprés quoy il me semble qu'il n'y aura plus rien à desirer sur ce sujet.

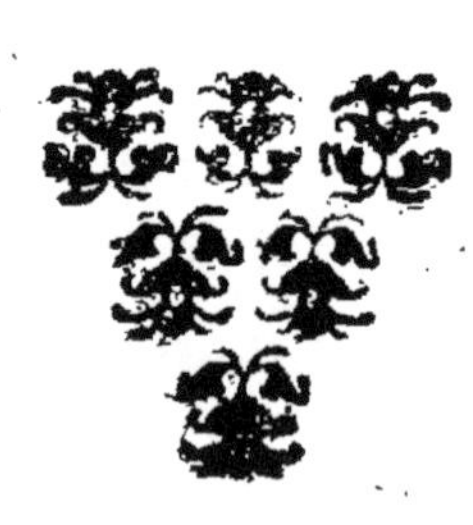

CHAPITRE I.

Des Bannieres.

LES Bannieres ſont un ornement de Blaſon d'autant plus ancien, que la plus part des anciens Seigneurs ſont repreſentez dans leurs Sceaux à cheval avec une banderolle à la main. Aux Tournois les Cavaliers entroirent dans les lices avec des banderolles & devant le combat ils formoient le ſigne de la Croix avec ces banderolles, comme je l'apprens des memoires d'Olivier de la Marche Chapitre 18. où parlant de Jacques de Lalain, il dit. *Ledit Iacques ſeeoit ſur ſon cheval couvert de ſes Armes, & deſcendit à pié, & marcha juſque devant le Duc, ſe ſeignant de ſa bannerolle.* Et plus bas encore, *ledit Meſſire Iacques entra en la lice, ſoy ſeignant & recommandant de ſa bannerolle moult Catholiquement.* Il dit le meſme de pluſieurs autres. Quand le Roy rend les Pains-Benits, les Suiſſes

& les Officiers, qui servent à ces ceremonies, portent de ces banderoles armoyées des armes du Roy.

Les Pannonceaux & Giroüettes armoyées sur les tours & faistes des maisons estoient anciennement les marques des maisons des Gentilshommes.

Les Bannieres sont quelquefois marques des Connestables en divers Pays, comme en Italie les *Colomnes* mettent derriere leur Ecu deux grandes Bannieres, l'une de l'Eglise, armoyée de la Thiare & des Clefs, l'autre de l'Empire, comme Connestables de l'Eglise & de l'Empire.

Le chef de la maison de *Clermont* en Dauphiné, porte une Banniere semée de Dauphins, comme Connestable Hereditaire de Dauphiné.

En Allemagne les Banderoles sont frequentes en cimier. Les Ducs de *Holstein* en portent sept armoyées de l'Ortie de Holstein. A Hambourg dans le Chœur de l'Eglise Sainte Magdeleine, sont les armoiries d'Adolphe Comte de Holstein depuis l'an 1261. le casque à costé de l'Ecu sommé de deux queües de Paon, trois bannieres quarrées de

Holstein entre ces deux queuës.

Les Princes d'*Anhaldt* mettent sur un de leurs cimiers douze Bannieres échiquettées d'argent & de sable, le bâton d'or.

Les Comtes de *Mansfeldt* en portent six fascées d'argent & de gueulles.

Les Comtes de *Solms* deux sur un chappeau, coupées de gueulles & d'or, qui semblent estre d'Hanavv Muntzenberg qui les portent de mesme.

Les Comtes d'*Erpach* en ont deux en sautoir fascées de gueulles & d'argent.

Ces cimiers sont encore plus frequens en Suede & Dannemarck.

Hoger en porte treize, qui sortent comme d'une Tour ou d'un Ravelin, qu'ils ont pour cimier.

Hacher en porte un pareil nombre.

Huitfeld porte cinq Pennons à queuë.

Vvalckendrup en porte neuf.

Langer onze, celuy du milieu à longue queuë.

Vlstander porte sept Penonceaux, un droit en cimier entre deux cornets, & six qui sortent des cornets, un de l'embouchure, & deux des coſtez de chacun de ces cornets.

Banner en porte treize en cimier ſortant d'un ravelin comme ceux de *Hoger*, ſix de chaque coſté, & un droit au milieu.

Flemming en porte vingt & un, qui ſortent d'une couronne.

Moſtricke en porte vingt-cinq ſur deux cimiers, douze ſur le premier, & treize ſur l'autre, qui ſortent tous de deux couronnes.

En Pologne les villes & les Terres ont leurs Bannieres, qui leur ſont particulieres, & qu'elles portent dans les guerres.

Celle de *Cracovie* eſt de gueulles à l'Aigle d'argent couronné, qui eſt l'armoirie du Royaume.

Sandomir la porte partie au 1. faſcé d'argent & de gueulle. Au 2. d'azur à neuf étoilles d'or en trois pals, c'eſt à dire 3. 3. 3.

Lublin de gueulles au cerf d'argent accollé d'une couronne d'or.

Poſnanie, & *Maſovie*, ont l'Aigle comme Cracovie, mais comme volante.

Calis échiqueté d'argent & de gueulles à une teste de Bison couronnée, en sorte que les cornes sortent de la couronne les naseaux bouclez.

Siradie d'azur à un demy Lion de gueulles, & un demy Aigle de sable joints en un corps en partition, & couronnez d'une mesme couronne.

Vladislavie d'or à une demy Aigle d'argent & un demy Lion de sable comme le precedent couronnez d'or.

Dobrin de gueulles à une teste humaine cornuë, & couronnée d'or, issante d'une autre couronne renversée.

Live un demy Aigle de gueulles, & un demy Ours d'argent joints ensemble de la maniere des precedents couronnez d'or dans un écusson party de l'un en l'autre.

Chelm d'or à un Ours passant d'argent entre trois arbres de sinople.

Cujavie & Brezesse d'or au demy Aigle de gueulles, & demy Lion de sable, joints de mesme sans couronne.

Vilne de gueulles à l'Agneau Paschal d'argent, avec la banderole & la croix.

Rava d'or à l'Aigle de ſable marqué d'un R. ſur la Poitrine.

Ploczo de meſme avec un P. au lieu de R.

Leopol d'azur au lion d'or couronné rampant contre une montagne.

Halicie de gueulles à un oiſeau éployé & couronné.

Belz de gueulles au griffon d'argent couronné.

Premiſlo d'azur à l'Aigle d'or à deux teſtes couronnées.

Podolie le Soleil environné de douze étoiles, &c.

En Allemagne les Hornſtain Barons de Hochenſtoffel, portent en cimier deux pennons à longue queuë paſſez en ſautoir, l'un avec ce chiffre de Ferdinand III. F. III. & l'autre marqué d'une Croix.

Les Barons Truchſes, qui portent les armoiries de Suaube, portent auſſi derriere leur écu une banniere de Suaube.

La maiſon de Jodar en Eſpagne porte en cimier un Cavalier armé. qui embraſſe un Drapeau ayant les mains coupées, en memoire de l'action genereuſe de Pierre Martinez, Porte-enſeigne de la ville de Baeça, qui ſe trouvant en la bataille que Dom Jean Manuel donna à Ormiz Capitaine des Troupes du Roy More de Grenade, auprés de la riviere de Guadalherze, entra ſi avant dans la meſlée avec ſa Banniere, & les Cavaliers qui l'eſcortoient, qu'ayant eſté cauſe de la victoire que les Chreſtiens remporterent, on le fit chercher pour le recompenſer, & ayant eſté trouvé mort avec ſa Banniere qu'il tenoit embraſſée, ayant eu les deux mains coupées, le Roy Dom Alphonſe annoblit ſa poſterité, qui depuis fit une illuſtre famille, & leur permit de porter en cimier l'image de leur anceſtre avec cette Banniere. *Las armas deſte Linaje ſon un moral verde con moras coloradas en campo de oro, y dos cuervos negros al pié del moral, y orla de ocho aſpas de oro en campo roxo, y por tymbre un Cavallero armado abraçado con un pendon las manos cortadas.* Barnabé Moreno de Vargas diſcurſo 7. de la Nobleza.

En France on fait tenir quelquefois des Bannieres aux ſupports, & cela ſeulement pour les grandes maiſons qu estoient anciennes Bannieres. Et ces Bannieres sont armoyées ou des Armoiries de la famille, ou du Fief principal, ou des anciennes Armoiries de la famille, quand on a esté obligé de les changer pour quelque consideration.

L'usage des Bannieres est ancien aux Pays-bas.

Philippe l'Espinoy Vicomte de Theroüanne a donné les Armoiries des Bannieres de la Comté de Flandres en ses recherches des antiquitez de Flandres.

Ces Bannieres sont Falempin, Cisoing, Vvaurain, Comines, Helein Saint Genois, Rume, Vvarcoin, des Pierres, Harlebecke, Thielt, Deinse, Menin, les 15. Parroisses, Rode, Gaure, Sotteghem, Boëlare, Schorisse Vieubourg, Gruthuse, Ghistelle, Vvedengraet, Praet, Maldeghem, Oestcamp, Pouckes, Lumbeke, Nevele, Liedekerke, Vvinendale, Lichtervelde, Dixmude, Doulieu, Vvoestine, Haveskerke, Honscote, Goutere, Lede, Vvackene, Halevvin, Cootschamp, Rassinghiem, Chastinghe, Bousbecke, De Soo, Bomhem, Bieures, Male, Esclebeque, Mortaigne, Lannoy, Nort-Urie, Ingelmonstier, Caectem, Rouze, Des Vvatines, Peck, Landas, Pottes, Vvaes, Saint Amand, de Hinghene, & Berghes.

Celles de la Duché de Brabant sont Grimberghe, Cuyck, Pervveys, Reux, Cranendonck, Houthen, Gaesbeck, Bierbeck, Vvesemael, Leesdaele, Sombref, Vvithen, Deist, Duffle, Breda, Heeverle, Buchout, Rotselaer, Jauche, Boxtel, Everberghe, Grobendonc, Bautersem & Saventhem.

Il y en a plusieurs dans le Hainaut, Enghien, Leuze, Haureque, Antoing, Fontaine, Kiurain, Ville, Condet, Belleulle, Ligne, Verchin, Hamaide, Berlaimont, Trie, Gomegnie, Senzelle, Hourdain, Fagneulle, Roisin. Viliers, Esne, Vvarigny, Honcourt, Thiant, Pervves, Emblise, Maigny, Harchies, Frasne, Viane, Tupigny, Montigny, Herimes, &c.

Il n'estoit permis qu'aux Seigneurs Bannerets de porter Banniere, & Olivier de la Marche a remarqué au chap. 21. de ses Memoires, que l'on murmura en un Tournoy, de ce que Gerard de Roussillon avoit fait porter devant luy une Banniere entrant en lice. *Il faisoit porter devant luy une Banniere de ses pleines armes, dont il fut aucunement parlé: & disoient les aucuns que le Seigneur de Clomo son Pere ne se tint oncques pour Banneret* Il decrit au chap. 25. la façon de relever baniere, qui est curieuse. *La vey je messire Louys de la Vievile Seigneur de Sains relever banniere: & le presenta le Roy d'armes de la Toison d'or: & ledit messire Louys tenoit en une lance le Pennon de ses pleines armes: & dit ledit Toison.* Mon tres-redouté & Souverain Seigneur, voicy vostre humble sujet Messire Louys de la Viévile, issu d'ancienne banniere à vous sugette, & est la Seigneurie de leur banniere entre les mains de son aisné: & ne peut ou doit sans meprendre, porter banniere, quant à la cause de la Viévile, dont il est issu: mais il a par partage la Seigneurie de Sains anciennement terre de banniere. Parquoy il vous supplie (considerée la noblesse de sa Nativité, & les services faits par ses predecesseurs) qu'il vous plaise de le faire banneret, & le relever en banniere: & il vous presente son Pennon armoyé, suffisamment accompagné de vingt-cinq hommes d'armes pour le moins comme est & doit estre l'ancienne coûtume. *Le Duc luy répondit que bien fut il venu, & que volontiers le feroit Si bailla le Roy d'armes un coûteau au Duc: & prit le Pennon en ses mains: & le bon Duc sans oster le gantelet de sa main senestre fit un tour au tour de sa main de la queuë du Pennon: & de l'autre main coupa ledit Pennon: & demeura quarré: & la banniere faite le Roy d'armes bailla la banniere audit Messire Louys: & luy dit: Noble Chevalier recevez l'honneur que vous fait aujourd'huy vostre Seigneur & Prince, & soyez aujourd'huy bon Chevalier: & conduisez vostre banniere à l'honneur de vostre lignage. Ainsi fut le Seigneur de Sains relevé en banniere: & prestement se presenta Messire Iacques Seigneur de Harchies en Hainaut: & porta son Pennon suffisamment accompagné de gens d'armes siens, & d'autres qui l'accompagnoient, Celuy Messire Iacque requit à son Souverain Seigneur comme Comte de Hainaut, qu'il le fit banneret en la Seigneurie de Harchies..... Si luy fut accordé, & fut fait banneret celuy iour le Seigneur de Harchies: & de ces deux bannieres ie fay difference: d'autant que l'un releve sa banniere, & l'autre entre en banniere.*

Le mesme Autheur fait une autre belle remarque touchant la banniere qui se doit mettre sur le tombeau des Chevaliers, lors que parlant du bâtard de Bourgongne tué par ceux de Gand. *Fut mise sur luy sa banniere son étendard, & son Pennon: & depuis me dit Toison d'or.* C'estoit le Roy d'armes de Bourgongne, *qu'il n'appartenoit à homme ces trois choses estre mises en parure sur sa sepulture, s'il n'estoit mort en bataille: mais bien l'un ou les deux, & non point les trois ensemble.*

On en portoit ordinairement dans les joustes & dans les tournois au bout des lances.

C'est de l'ancien usage des Tournois, qu'est venu celuy des bannieres, dont on decore les blasons des grands Seigneurs. Le formulaire des Tournois extrait d'un manuscript de Blason de Monsieur Pecoul Advocat à Amiens, & communiqué par Monsieur, du Cange dit

Pour mettre les Bannieres à fenestre, le premier banneret chef du Tournoy, doit élever son blason sous sa Banniere, & quãd ceux qui sont sous luy luy aront cloez, lesquels doivent estre quatre, & luy ce sont cinq, & au Pennon trois, & luy ce sont quatre, & quand le Tournoy sera party, il doit declouër son blason, lequel est dessous sa banniere, & le mettre tout au dessus pour acclorre sa compagnie.

Dans le mesme manuscript il y a la maniere dont un Bachelier peut lever Banniere.

Quand un Bachelier a grandement servy & suivy la guerre, & que il a terre assez, & qu'il puisse avoir Gentilshommes ses hommes, & pour compagner sa Banniere. Il peut licitement lever Banniere, & non autrement. Car nul homme ne peut, ne doit porter, ne lever Banniere en bataille, s'il n'a du moins cinquante hommes d'armes tous ses hommes, & les Archers, ou Arbalestriers qui luy appartiennent, & s'il les a, il doit à la premiere bataille où il se trouvera apporter un Pennon de ses armes, & doit venir au Connestable ou aux Mareschaux, ou à celuy qui sera Lieutenant de l'Ost pour le Prince, requerir qu'il porte Banniere. & si luy octroyent, doit sommer les Heraux pour témoignage, & doivent decouper la queuë du Pennon, & alors le doit porter, & lever avant les autres Bannieres au dessous des autres Barons.

Comme se doit faire Capitaine, & lever Estendart.

QVand un homme a grandement servy les guerres, ou qu'il a grandement dequoy il puisse tenir gens, ou par grand terre ou autrement par son sens. Le Roy ou autre chef de guerre le peut faire, & peut lever Estendard, mais qu'il ait les gens de trait qu'il appartient avec cinquante hommes d'armes.

En quel nombre de gens de guerre doivent combattre Ducs, Comtes, Marquis, Barons, & Bannerets.

LE Duc eſtant chef de la bataille comme Duc, doit eſtre accompagné de 400. lances du moins, & ſa banniere accompagnée de celles de ſes Comtes & Barons.

Le Comte doit avoir 200. lances & les gens de trait qui luy appartiennent.

Le Marquis doit avoir pareil nombre de gens.

Le Baron doit avoir cent lances, cinquante pour combattre, & les autres cinquante pour garder ſon corps & ſa banniere, & ne doit point avoir de Pennon, & c'eſt la difference d'entre le Comte & le Baron.

Le Banneret doit avoir cinquante lances, & les gens de trait qui luy appartiennent, & doit eſtre ſa banniere deſſus de ſes Barons.

En divers Provinciaux manuſcrtpts

que j'ay vûs, les Bannerets des Provinces sont distinguez de la Noblesse qui n'a pas Banniere, & on y lit ces divers titres. *Berruyers a Banniere. Poitevins a Banniere. Mancheaux a Banniere. Bretons a Banniere. Angevins a Banniere. Bourbonnois a Banniere. Savoyens a Banniere. Viennois a Banniere. Ce sont les Dauphinois. Barrois a Banniere. Lorrains a Banniere. Champenois a Banniere. François a Banniere. Normans a Banniere. Corbiois a Banniere. Beauvoisins a Banniere. Vermandois a Banniere.* Bourguignons *a Banniere. Artisiens a* Banniere. *Flamans a* Banniere. *Hannuyers a* Banniere. *&c.*

Ces Provinciaux auroient besoin d'estre corrigez, parce que les noms y sont si horriblement corrompus, qu'ils ne sont plus connoissables. Cét ouvrage seroit curieux & utile pour distinguer les bonnes & anciennes familles, & l'ancienne pratique du Blason. Il faudroit pour cela conferer plusieurs manuscripts, & avoir une exacte connoissance des Provinces, il seroit mesme necessaire que plusieurs personnes se joigniſſent pour cette entrepriſe, eſtant difficile qu'un ſeul connoiſſe bien tous les païs, comme il ſeroit à deſirer pour le faire bien exactement.

Je trouve dans un ancien manuſcript, que les Officiers de la Couronne & leurs Lieutenans, avoient droit de porter Banniere, quoy que d'ailleurs ils ne fuſſent pas Bannerets. *Tous Royaux & tous leurs Lieutenans, Conneſtables, Admiraux, Maiſtres des Arbaleſtriers, & tous les Mareſchaux ſans eſtre Barons, ne Bannerets, de tant qu'ils ſont Officiers par dignité de leurs Offices, peuvent porter Banniere & non autrement.*

Un autre manuſcript de l'Ordonnance des Batailles, dit. *Qu'en guerre pour oſter les debats des Envies, le Droit ordonne que les Bannieres plus anciennes voiſent les plus prochaines de celle du Roy.*

En Eſpagne la Banniere eſtoit anciennement la marque des *Ricoſombres*, qui eſtoient à peu prés la meſme choſe que nos Bannerets. Le Roy leur donnoit ſolemnellement la Banniere & la Chaudiere, la Banniere pour lever des Troupes, & la Chaudiere pour les Nourrir. Ils veilloient une nuit entiere cette Banniere dans une Eglise.

Las Insignias de los Ricos hombres eran un pendon con divisa, y una caldera, que les davan los Reyes despues de haver velado el pendon una noche en la yglesia que mas devocion tenian. Con el pendon les concedian facultad de hazer gente para la guerra, la caldera significava eran poderosos para la sustentar y mantener. Origen de las dignidades seglares de Castilla y Leon. Lib. I. c. IX.

Les Comtes du Vexin comme Porte-Oriflammes de France, accompagnoient leurs Armoiries de deux Bannieres portées par deux Lions, qui estoient les supports de leurs Blasons.

Il y a quelques maisons qui ont des Bannieres en Armoiries. Les *Confalonieri* de Milan à raison de leur nom.

Banner en Danemarck pour la mesme raison en porte treize en cimier. Et les Banner de Salis, & de Lendkolm, portent pour Armoiries de gueulles à un drapeau d'argent issant, du flanc dextre de l'Ecu, dans lequel il est pery en mesme temps. Ils ont seize cornettes en cimier.

L'Eglise de Vvirtzbourg en Franconie, porte d'azur à la cornette écartelée d'argent & de gueulles la lance d'or posée en bande, & contournée.

Le Duc de Vvirtemberg porte au troisiéme quartier de ses Armoiries d'azur au Pennon de l'Empire d'or à l'Aigle de sable la pointe enveloppée autour de la lance. Il est porte-Enseigne de l'Empire.

Quelques maisons d'Italie en decorent le tour de leurs Ecussons.

Les *Gantelmi* mettent douze cornettes autour de leurs Armoiries.

La maison des *Colomnes* à Rome fait autour de ses Armoiries une Espece de Trophée de plusieurs Bannieres Turques, depuis la bataille de Lepanthe, où Marc-Antoine Colomne estoit General des Troupes du Pape Pie V.

Les *Conty* font la mesme chose, & outre ces Trophées de Bannieres, ils mettent au dessous deux Canons acculez, & au dessus de l'Ecusson un grand Fanal.

Il y a quelques maisons en Espagne qui font la mesme chose, celle de Tolede, des Ducs d'Alve, met dix Drapeaux marquez de Croissans, & de lettres Arabesques pris sur les Mores.

Les *Alarcons* Marquis de la Valle, Ciciliana mettent autour de leurs Armoiries cinq Drappeaux & dix-huit Canons qui tirent, c'est Ferdinand de Alarcon, General d'Armée sous Charles-Quint, qui mit le premier cét ornement à ses Armoiries.

Les *Andrades* en mettent dix-huit autour de l'Ecu, chargées chacune d'une Fleur-de-Lys.

Les Marquis de Sainte Croix du nom de Baçan, qui portent échiqueté d'argent & de sable de quinze pieces à la bordure de gueulles chargée de huit sautoirs d'or, mettent vingt-huit Bannieres autour de leur Ecu.

Les *Porto-Carreros* Comtes de Palma, mettent quinze Bannieres, & la Croix de Saint George.

Les *Cordoües* dont estoit le grand Capitaine, en mettent jusqu'à soixante-quatre, qui entourent tout l'Ecu en haut, en bas, & aux costez.

En ce Royaume le Colonel de l'Infanterie porte quatre Drappeaux en cimier, & le general de la Cavalerie quatre Cornettes.

Il a paru quelques fueilles des preuves des Chevaliers du Saint Esprit de la derniere promotion, où l'on a mis en plusieurs Bannieres les Ecussons des preuves des Chevaliers, ce qui ne se peut faire que des maisons qui sont veritablement Bannieres. Ainsi il y a de l'erreur en la plus part de ces quartiers, quant à cette position, Jacques de Lalain, dont Olivier de la Marche parle si souvent en ses memoires, fit paroistre en un Tournoy trente-deux Bannieres, dont il estoit issu directement.

N'est pas à oublier que sur le pavillon qui fut tendu pour ledit Messire Iacques de Lalain avoit un Cerf couché de brodure. Celuy Cerf portoit seize cors: Et à chacun cor avoit une banniere dont estoit issu ledit Lalain, & dont les deux premieres furent du Pere, & l'autre de Crequi du costé de la Mere. Ainsi montra ledit Messire Iacques trente deux bannieres, dont il estoit issu directement du Pere *&* de la Mere.

sans entremesler entre les deux Mariages aucune alliance d'autre nature ou condition.

CHAPITRE II.

Du Cry.

LE Cry suit la Banniere, parce qu'anciennemẽt nul n'estoit reconnu pour Gentilhomme de Nom, d'Armes & de Cry, que celuy qui avoit droit de lever Banniere, l'un & l'autre servant à mener des Troupes à la guerre, & à les rallier.

Ces cris servoient & aux Tournois, & aux veritables Combats. Aux Tournois c'estoient les Herauts, & poursuivans d'Armes, qui crioient le cry de leurs Maistres pour les faire connoistre. Et à ces cris ils ajoûtoient souvent des Eloges. Comme j'apprens des rimes des joustes de Chauvency de l'an 1285.

Riban

Ribau huient & garçon brayent
Li jousteour plus ne delayent
Cheval saillent, & lambel volent
Hiraut parmy les Rens parolent.
Le fis au prodomme vaillant
El cheval gran ruste & saillant
D'armes vermoilles fu parez
En l'Ecu si com vous orrez,
Ot une Croix d'argent assize
Hiraut brayeni d'étrange guise
Au fil dou prodomme gentil
Aspremont *cerets que c'est il.*
Devant les Dames droitement
Vint chevauchant moult cointement
Parez d'unes armes vermeilles
Qui estoient belles à merveilles.
Li deux saumons d'argent battu
En son Ecu sont en bastu
Hiraux Tyois, hiraux Romans
Tuit sement de l'or estament
Et ecrient Blammont, Blammont
Et Balquembert *ainsi sen vont.*
Vn Chevalier de bel atour
Ieune & leger, fort & puissant
Au chief des rans vint chevauchant,
Dont Chastel estoit repairié
D'or & gueulles fut vairié
A un baston d'azur moult courte
Beffremont *crient .....*

On le pratiquoit aussi pour les verita-bles combats, & toutes nos vieilles Chroniques nous en fournissent des exemples. Nous en avons un en la Chronique de Loüis Duc de Bourbon chapitre 50. par lequel nous apprenons que ce Prince fût reconnu à son cry de guerre au siege de Vernüeil, où il combattit dans la mine contre celuy qui defendoit la place.

Le Duc fit armes le premier contre l'Escuyer du Chastel, lequel on clamoit Regnaud de Montferrand, tous deux firent à poussis de leurs espées cinq coups l'un à l'autre, & entre deux orent aucuns, qui ne se purent tenir de dire, Bourbon, Bourbon, Nostre-Dame, *Dont celuy Escuyer Regnaud de Montferrand fut moult esbahy, & se recula & dit, & comment Messeigneurs, c'est cy Monsieur le Duc de Bourbon? Ouy certes dit le borgne de Veausse, c'est il en personne. Lors dit Regnaud de Montferrand; je dois bien loüer Dieu, quand il m'a aujourd'huy fait tant de grace & d'honneur d'avoir fait armes avec un si vaillant* Prince, *& vous borgne de Veausse, dites luy que je luy requiers* *qu'il luy plaise qu'en cette honorable place où il est, il me fasse Chevalier de sa main, car ie ne le puis estre plus honorablement, & pour l'honneur & vaillance de luy, ie suis prest à luy rendre la place. Et de cecy parla le borgne au* Duc de *Bourbon, qui regarda que toutes ces choses estoient à son tres-grand honneur, disant qu'il estoit bien content, mais que* Mont*ferrand luy apportast les clefs au pertuis de sa mine. Si luy accorda* Mont*ferrand, qui les luy bailla, & les clefs renduës illec mesme le fit Chevalier le* Duc.

En la surprise de l'Abbaye prés Perigort par Bertrand du Guesclin. Galeran frere du Comte Jonas, crioit *Perregort Dieu aye auiourd'huy. Et ceux de dehors crioient*, Monjoye Saint Denys. Vie de Guesclin chap. 43. & sur l'embusche que le Barrois des Barres dressa aux Anglois en la montagne de l'Espinete prés de la Coulongne Froissart, dit. *Quand ils furent la embattus, Messire le Barrois des Barres, & les Chevaliers & Escuyers François, qui en embusche sur le pas les attendoient, leur saillirent au devant en criant.* Les Barres aux

Barrois. volum. 3. chap. 32.

Les cris les plus ordinaires estoient ceux des noms des Princes, Chevaliers & Seigneurs Bannerets qui conduisoient les Troupes. En Bretagne Chasteau-Briant, Malestroit, Rais, & le Comte de l'Isle, crioient leurs noms. En la Comté de Flandres Guistelle, Havesquerque, Rassenghien, Rodes, Ramequen crioient leurs noms. En la Comté de Haynaut Enghien, Ligne, Hameyde, Barbanson, Berlaimont, Vallincourt, Silly, Boussois, Montigny, Estrepy crioient leurs noms. En la Comté de Beauvais Mailly, Rubempré, & Gaucourt crioient leurs noms. En Bourgogne Charny, Vergy, Bauffremont, Merlo, Pontallier crioient leurs noms. En la Comté de Ponthieu Gamaches, & Ligneres crioient leurs noms. En Champagne, Retel, Chastillon, de Noyers, Bury, leurs noms. En la Comté de Namur Moncornet, Villers, Montgardin, Hamiricourt, Selles, de Ville, Guyans, Vvaronca leurs noms. En la Duché de Brabant, Dorbais, Grimbergue, Binch, Vvallainse. Enfin les maisons d'Ailly, Crequy, Tanques, Mailly, Saveuses, Aspremont, Lynden, Bournonville, Amboise, la Baume, Grolée, Luzignan, Limbourg, Joinville, Bethune, Rochechoüart, Varax, Brosse, Lannoy, Mauny, Beaumont, Saucourt, Hangest, Renty, Raineval, & grand nombre d'autres ont crié leurs noms.

Quelques uns ont crié les noms des maisons dont ils estoient sortis, quoy qu'ils eussent d'autres noms. Ainsi les anciens Seigneurs & Chastellains de l'Isle en Flandres, portoient de gueulles au chef d'or, & crioient *Frayes Phalempin*, à cause qu'ils estoient issus des anciens Seigneurs & Barons de Phalempin en la mesme Comté, qui portoient mesmes armes.

De mesme ceux de *Iars* crioient *Rochechovart*, & ceux d'Offeremõt, *Clermont*, le Comte de Saint Paul *Lezignem*, le Sire de Mouy *Saucourt*, Lens crioit *Gaure*, Haurecq, & Braine crioient *Engbiem*, Longueville crioit *Henaut*, & portoit de sable semé de billettes d'or au Lion de mesme, Mastain & Baudoul crioient *Iauce*, Aymeris crioit *Ligne*, Harves, & Antoing crioient *Bury*,

Ville crioit *Estrepy*.

J'ay trouvé dans un mauuscript à Arras, qu'en Loraine toutes les Croix crioient *Priny*, Toutes les bandes à *Couvert*, tous les anneaux *Loupy*, qu'en Hainaut tous ceux qui portent Croissans crient *Tricq*, Tous les chevrons crient *Machicourt*, & toutes les coquilles crient *Le Bos*, Berry le Heraut dit que tous ceux de Picardie qui portent Fretté, crient *Saucourt*, tous ceux qui portent les Croix rouges, crient *Hangest*, ceux qui portent les maillets, crient *Mailly*.

Ce n'est pas donc un argument infaillible d'une mesme maison, d'avoir mesmes pieces en Armoiries, & mesme cry, puis que souvent ç'a esté pour empescher la confusion qu'on a reduits de cette sorte à une espere de cry, ceux dont les Armoiries pouvoient avoir quelque rapport, de peur qu'il n'arrivat la mesme chose qu'au Comte de Mons, dont l'Autheur des Trophées de Brabant, dit. *Qu'ayant fait paroistre son courage, en une bataille où il avoit avec luy les bannieres de Grimberges, Pervveys, Enghien, & autres, voyant le desordre des siens, il fut contraint de se sauver à Vilvorde, où il mena plusieurs prisonniers par un accident remarquable. Car comme sa banniere & estendard estoient blasonnez des armes de Iuliers d'or au Lion de sable, plusieurs Flamans par la confusion que d'ordinaire il y a aux Batailles, se rangerent sous son escadron, cuidans bien s'estre ioints à la banniere de leur Comte, laquelle estoit armoyée du mesme blason, mais il se trouverent lourdement trompez.* Lib. IV. pag. 470.

Je ne doute point que ce ne fut pour éviter pareille confusion que l'on ordonna, que ceux qui auroient des Armoiries approchantes, criassent mesme nom pour se rallier sans desordre.

Plusieurs ont crié les noms de certaines Villes, parce qu'ils en avoient la Banniere. Les Seigneurs de Coyeghem crioient *Courtray.* Les Sieurs de Trie, de Pequeny, de Dolhaim, de Saulieu, de Miromont crioient *Boulogne.* Le Comte de Vendosme crioit *Chartres.* Le Sieur de Mortagne, & le Chastelain de Nivelle crioient *Tournay.* Aussi bien que le Sieur de Blanquemaille.

Les Princes & Seigneurs ont crié leurs Noms, ou ceux de leurs Villes principales, avec une espece d'Eloge, ou de Termes, qui designoient leur qualité. Ainsi le Comte de Hainaut crioit *Hainaut au noble Comte*. Le Duc de Guyenne, *Guienne au puissant Duc*. Le Duc de Brabant *Louvain au Riche Duc*. Les Ducs de Milan, *Milan au vaillant Duc*. Pilippe Duc de Bourgogne, au rapport de Berry le Heraut, *Chastillon au noble Duc*. Le Roy d'Armenie, *Ermenie au noble Roy*. Le Sieur de Bousies, *Bousies au bon Chevalier*.

La seconde maniere de cry estoit celuy d'Invocation. Le Duc de Bourgogne crioit *Nostre Dame Bourgogne*. Olivier de la Marche au chap. 12. *Le cry commence par les Echeleurs, qui crioient* Nostre-Dame, ville gagnée, Bourgogne, Bourgogne *chacun qui mieux*. Le Comte de Limoges, *Saint Lienard*. Le Duc d'Anjou, *Saint Maurice*. La maison de Vienne en Bourgogne, *Saint George au puissant* Duc. Les Ducs de Bourbon, *Nostre Dame Bourbon Bourbon*. Les Ducs de Normandie,

Diex aye, *Dam Diex aye*, c'est à dire Dieu nous aide, le Seigneur Dieu nous aide. Non pas Dieu & Nostre-Dame nous aide, comme le rend Vulson la Colombiere. Les Seigneurs de Montmorency, *Dieu aide*, à quoy on a ajoûté depuis, *Dieu aide au premier Chrestien*. Ceux de Levy. *Dieu aide au second Chrestien*. Les Seigneurs de Haesbrouk en Flandres, *Help god Haësbrouck*, Dieu aide Haesbrouck. *Dieu aide* estoit un cry des plus communs. En la vie de Bertrand du Guesclin, il est dit ch. 40. *Bertran y survint, & ceux de sa bataille qui crioient* Guesclin, *& quant le begue l'oy si se conforta & cria* Villaines Dieu aye.

La troisiéme espece est des cris de Resolution, comme celuy que prirent les croisez pour la conqneste de la Terre-Sainte, du temps d'Urbain II. & de Godefroy de Boüillon. *Dieu le veut. Dieu le veut. Bellipotens Boamundus, qui erat in obsidione Malfi Scafardi Pontis audiens venisse innumerabilem gentem Christianorum de Francis, iturum ad Domini sepulchrum, & paratam ad prælium contra gentem Paganorum, cœ-*

pit diligenter inquirere, quæ arma pugnandi hæc gens deferat, & quam ostensionem Christi in via portet, vel quod signum in certamine sonet. Cui per ordinem hæc dicta sunt deferre arma ad bellum congrua. In dextrâ vel inter utrasque scapulas Christi crucem bajulant. Signum vero, Deus le volt. Deus le volt, Deus le volt, *una voce conclamant.* Je crois qu'il faudroit lire *Diex le volt*, & que cét Autheur qui paroît Italien par l'affection qu'il a pour Boamond, & par quantité de termes Latins corrompus, qui ont du rapport à la langue Italienne, n'a pas retenu ce terme de *Diex* qui signifioit *Dieu* en vieux langage François.

La quatriéme espece est des cris d'exhortation, comme dans le vieux Roman de Mellusine, il est dit, *Adonc le Roy fut vaillant homme, & cria à haute voix*, Ansay Ansay avant Barons Seigneurs, ne vous ébaïssez point, car la journée est nostre. Et au chapitre 40. de la vie de Bertrand du Guesclin. *D'un costé & d'autre Bertran crioit* Guesclin *à sa voix qu'il ot graud. Et le Besgue de Villaines, qui en ferant disoit.* Or

Avant mes Compagnons.

Le cry de l'Empereur est selon un ancien manuscript, *A Dextre & à Senestre.* Exhortant ses gens de frapper à droite & à gauche. *L'Empereur des Romains & des Allemagnes*, dit ce manuscript, D'*or à une Aigle de sable membré & couronné de gueulles, & crie*, A Dextre & à Senestre.

Cramailles crioit *Au Guet*, & Genlis, *Au guet, Au guet*, selon Berry le Heraut.

Les Comtes de Champagne, de Chartres, & de Sancerre crioient *Passavant.* Ce n'estoit pas un cry de deffy, comme a dit le P. Monet en l'origine des Armes page 31. quand il dit, *crierent les vieux Comtes de Chartres, de Champagne s'avançans sur les premiers rangs, & defians le plus courageux, & le plus vaillant des ennemis, à venir faire des armes avec eux, à la vuë des deux Armées.* Passavant n'a jamais signifié en François *vien avant.* C'estoit un cry d'exhortation aux plus braves de leurs Soldats. Aussi crioient ils souvent *Passavant li meillor.* Dont Thibaud IV. Comte de Champagne fit la Legende de ſon contreſeel. Quelquefois ils ont crié *Paſſavant là Thetbaut*. Joignant leur nom propre à leur cry. Le manuſcript de Berry le Heraut dit de Jean de Bueil Comte de Sancerre Mareſchal de France. *Le Tymbre du Comte de Sancerre eſt la teſte d'un Roy à grands cheveux, & à grande barbe, & crie* Paſſavant.

Ceux de Vaudenay, *au brut au brut*. Charles VIII. à la bataille de Fornoüe, cria au Seigneur de Montoiſon de la maiſon de Clermont en Dauphiné, qui commandoit l'Arriere garde Françoiſe *A la Recouſſe Montoiſon*. Et ce brave Seigneur chargea ſi bruſquement l'ennemy, & le pouſſa ſi vigoureuſement, que la victoire, & le champ de bataille demeurerent au Roy, qui pour laiſſer un monument d'une ſi belle action à la poſterité de ce Seigneur, voulut qu'il prit pour deviſe perpetuelle des Armoiries de ſa maiſon, ce cry de guerre, *A la Recouſſe Montoiſon*, qui eſt écrit en lettre d'or en pluſieurs endroits du Chaſteau de Montoiſon proche Valance en Dauphiné. Ce Seigneur eſtoit Philibert de Clermont, de Montoiſon, qui fut grãd Chambellan des Rois Charles VIII. & Loüis XII.

Ceux de la Chastre crioient *A l'Attrait des bons Chevaliers.* Ceux de Tournon, *Au plus druz*, c'est à dire au plus épais & au gros de la meslée.

La cinquiéme espece est des cris de defy, dont nous avons un exemple en la Chronique de Bertrand du Guesclin, Chap. XIV. où il est dit, *Que le Comte de Montfort fit un sien parent armer d'unes armes pareilles aux siennes propres, & portoit les Ermines tout plainement, & qu'iceluy alla moult orgueilleusement parmy la bataille pour son Seigneur aidier en écriant* Bretagne où es tu Charles de Blois, vien ça je la te chalenge.

Les Seigneurs de Chauvigny *Chevaliers Pleuvent.*

La sixiéme espece est des cris de Terreur & de Courage, comme ceux de Bar crioient, *Au feu Au feu.*

Les Seigneurs de Guise & de Couchy en Flandres, *Place à la Banniere.*

Charles de France Duc de Normandie crioit *au Vaillant Duc.*

Les Ducs de Saint Malo, *Saint Malo au Riche Duc*, ce mot de *Riche* signifie puissant. Comme en Espagne les Seigneurs Bannerets estoient nommez anciennement *Ricos hombres*.

La septiéme espece est des cris d'Evenement, comme Jean le Victorieux Duc de Limbourg, Comte de Louvain, changea le cry de guerre de sa famille pour en prendre un d'Evenement. Christophle de Butkens en parle ainsi. *Nostre Duc retourna plein de reputation & gloire en son Pays, où furent celebrées Processions, Festes, Triomphes & Feux de Ioye par toutes les Villes, & quelque peu aprés il alla prendre possession de la Duché de Limbourg, qu'il s'estoit acquis à tant de dépens, travaux, & dangers, & tant estima la memoire de cette notable victoire, que laissant le cry ancien de ses ancestres, qui estoit* Louvain au riche Duc, *il print* pour cry de guerre. *Limbourg à celuy qui l'a conquis.*

Celuy de Prye estoit *Cans d'Oiseaux*, chams d'Oiseaux, parce qu'ils avoient chargé l'Ennemy dans une embuscade, où chantoient des Oiseaux.

Celuy de Vervin estoit *Roussy à la Marveille.*

Celuy de Vvaurin, *Moins que le Pas.*

Les anciens Vicomtes de Bergues Saint Vinocq, crioient *Bergues à Madame de Chasteaubrun.*

Borlvvt en Flandres, crioit *Groeninge vel, Groeninge velt.* Depuis que Jean de Borlvvt se fut trouvé l'an 1302. le 21. Mars, en la Bataille de Groeninge avec sept cents Gentilshommes, tous ses Parens, Amis, ou Alliez.

Bologne crioit *Bologne Belle.*

Le cry des Allemans en Dauphiné, estoit *Place Place à Madame,* Je le crois cry de Tournoy.

Un des manuscripts de Monsieur le Premier President de Lamoignon, dit, Vvallincourt d'argent au Lion de gueulles, crie *Vvallincourt a Court ouverte,* parce que c'estoient de riches Seigneurs, qui tenoient table ouverte, ce manuscript a esté fait pour un Seigneur de Lalaing, dont les Armoiries sont à la premiere fueille.

La huitiéme & derniere espece est celle des cris de Ralliement, comme estoit le cry de Subsainlegier, qui crioit *Les Fretiaux,* parce qu'il portit de gueulles fretté d'hermines, voulant dire qu'on se rangeat sous la Banniere frettée.

Le Comte de Flandres crioit *Flandres au Lion*, à cause du lion de ses Armes.

Le Comte de Gaures, *Gaures au Chappellet*.

Le Sire de Cullent *Au Peigne d'or*.

L'Ancien cry de guerre de nos Rois, *Montjoye Saint Denis*, est un cry de ralliement. On a fait quantité de fables, à l'occasion de ce cry, pour ne l'avoir pas entendu. Quelques uns ont dit que Clovis fut le premier qui s'en servit à la bataille de Tolbiac, & qu'estant encore idolatre, quoy qu'à demy instruit de nôstre Religion, par son épouse la Reyne Clotilde, il invoqua Saint Denis comme son Jupiter, disant *mon Ioe Saint Denis*, ou *mon Ioue Saint Denis*. Mais ce sentiment est d'autant plus extravagant qu'on ne parloit pas alors de cette sorte, & que nos Rois qui ont eu le titre de tres-Chrestiens, n'auroient pas retenu pour cry de guerre une invocation qui auroit senty l'Idolatrie, & les erreurs du Paganisme.

Nicole Gilles dit que ce fut en un autre combat, *contre le Roy Andoc Sarrazin, qui estoit venu d'Allemagne à grande multitude de gens, es parties de Frãce,*

&

& avoit son siege devant la place de Conflans Sainte Honorine prés Pontoise, où Clovis le combatit & eut victoire: & combien que la bataille commença en la ville, toutefois fut achevée en la montagne, en laquelle est à present la Tour de Montjoye. Et là fut pris premierement & nommé le cry de France, & les armes, c'est à sçavoir Montjoye, *& depuis y a esté ajoûté* Saint Denis.

D'autres veulent que ç'ait esté un cry de Joye, & que l'on ait dit *Moult joye Moult joye*; comme les Sieurs de Ransures crioient *Grand joye*. Et mesmes quelques uns estiment que l'on ait dit *mon joye monjoye*, en un temps où nostre langue n'estoit pas aussi chastiée & aussi reguliere qu'elle est à present.

Les Autheurs Latins ont eu les mesmes sentimens, Ordericus Vitalis parlant de Loüis le Gros, dit au liv. 12. *Latitantes sub stramine subitò proruperunt & Regale signum Anglorum cum plebe vociferantes ad munitionem cucurrerunt, sed ingressi* meum Gaudium, *quod Francorum signum est, versa vice clamaverunt.*

Monsieur Chifflet suit ce party dans

ſes Chevaliers de la Toiſon d'or, où il traduit Mont joye, *meum gaudium*, parlant des Armoiries de Philippes le Bon, il dit le cry de guerre en lettres d'or au deſſus du Tymbre, *mon joye au noble Duc*, ou bien comme j'ay obſervé ailleurs, *mon joye Saint Andrieu. Supra inſigne totum, clamor militaris, aureis caracteribus inſcriptus* Meum gaudium nobilis Ducis, *vel ut alibi obſervavi*, meum gaudium S. Andreas.

Matthieu Paris au contraire l'exprime par *montis gaudium*, lors que parlant des broüilleries arrivées entre les citoyẽs de Londres, & leurs voiſins de la campagne, à l'occaſion d'une lutte, où le Senechal de l'Abbé de Vveſtminſter, avoit uſé de ſupercherie, un des principaux Citoyens, ſe faiſant chef de party, & ſe declarant pour les François l'an 1222. ſe mit à crier, *mon joye mon joye Dieu nous aide, & le Roy Loüis*. Subverſis *Ædibus damnum non modicum Abbati intulerunt quaſi pro edicto frequenter proclamante, altâ & reboante voce eodem Conſtantino*. Montis Gaudium, Montis Gaudium. Adjuvet Dominus, & Dominus noſter Ludovicus.

Et hic Clamor Amicos Regis maximè exasperavit.

Il est certain qu'aucun de ces Autheurs n'a entendu le vray sens de ces paroles, qui ne sont pas une acclamation de joye, & d'heureux presage avec l'invocation de Saint Denis, comme on a dit, ny qui ait esté en usage depuis Clovis ; c'est un simple cry de Ralliement, qui ne signifie autre chose qu'*à la Banniere Saint Denis à la Banniere Saint Denis* ; parce qu'anciennement nos Rois portoient à la guerre la Banniere de ce Saint, qu'ils prenoient solemnellement dans son Eglise. Une montjoye en vieux langage estoit un monceau de pierres entassées, pour marquer les chemins, & l'ancien Dictionnaire Latin imprimé par les Estiennes, dit sous le mot *Acervus*. Acervus Mercurij Proverb. cap. 26. *une Montjoye de pierres qui montrent les chemins.*

La coûtume de ces Montjoyes est si ancienne, que Salomon au 26. des Proverbes parle de la ceremonie des Payens qui pour honorer Mercure, qui presidoit aux chemins faisoient des monceaux de pierres autour de ses Images sur les grands chemins. Et il compare à cette superstition Payenne, celuy qui honore un Insensé. *Sicut qui mittit lapidem in acervum Mercurij, ità qui tribuit insipienti honorem, Proverb.* 26 Surquoy le Cardinal Hugues de Saint Cher, rapporte la coûtume de nos Pelerins François, qui faisoient anciennement des Montjoyes de monçeaux de pierres, sur lesquelles ils plantoient des Croix aussitot qu'ils voyoient le lieu de Devotion où ils alloient en Pelerinage. *Gentiles faciebant acervum lapidum ad honorem Mercurij, & aliorum deorum: sicut etiam apud nos faciunt Peregrini, ubi primò vident Monasterium ad quod vadunt, ibi constituunt acervum lapidum, & ponunt cruces, & dicitur,* Mons Gaudij.

Delrio en ses Proverbes Sacrez dit la mesme chose des Croix qui sont sur le chemin de S. Jacques en Galice, *passim videas in via Compostellana extantes lapidum à prætereuntibus positorum congeries.* Galli Montjoyes vocant. *Vt secuturi indicium itineris indè capiant.* In adagialibus sacris veteris testamenti.

Les Croix qui sont sur le chemin de

Paris à Saint Denis, se nomment encore aujourd'huy les Montjoyes de Saint Denis. Le cry de Montjoye Saint Denis ne signifioit donc autre chose sinon que la Banniere de Saint Denis, estoit la marque de la marche de l'Armée. Quād cette Banniere marchoit l'Armée marchoit, quand elle s'arrestoit l'Armée s'arrestoit. Enfin au ralliement on se rendoit autour de cette Banniere, comme les Italiens autour du *Carroccio* de leurs Republiques, & de leurs ligues. Les Ducs de Bourgogne faisoient la mesme chose de l'Image de Saint André, ou de la croix de Saint André, qui est encore dans la plus part des Drappeaux du Roy d'Espagne, & ils crioient pour cela *Monjoye Saint Andrieu*; c'est à dire à la Banniere Saint André, & quand le Duc y estoit en personne, ils crioient *Montjoye au noble Duc*, pour se rēdre autour de la personne du Duc. Les Ducs de Bourbon crioient *Monjoye Nostre Dame*, à cause de l'Image de Nostre-Dame qu'ils portoient dans leurs Drappeaux, dont ils firent depuis un ordre de Chevalerie.

Berry le Heraut dit crient tous *Montjoye ceux qui sont de la Fleur-de-Lys*.

Les Rois d'Angleterre ont crié *Montjoye Nostre-Dame Saint George*, à cause des Bannieres de Nostre-Dame & de Saint George.

On ne laissa pas de continuer le cry de guerre de Montjoye Saint Denis, lors mesme qu'on ne portoit pas la Banniere de ce Saint, parce que c'estoit un usage introduit, qui avoit passé en coûtume. Ainsi au siege de Meulenc les gens de Bertrand du Guesclin crioient, *Guesclin Montjoye Saint Denis au Roy de France, Nostre-Dame aye au Roy Henry. Huy verra l'on qui aquerra honneur. Hist. du Guesclin ch.* 10. *& ch.* 40.

Ce cry devint avec le temps un cry de joye & de succés, comme nous lisons dans la mesme Histoire, où est raconté le songe de Thomas de Grançon, qui commandoit une partie de l'Armée Angloise devant la ville de Paris, que les Anglois tenoient assiegez, & dont ils furent obligez de lever le Siege sans donner combat. Canole ayant dit à Grançon, que si Bertrand estoit dans Paris ils ne partiroient pas sans combattre. Thomas Grançon luy dit, *Que moult le desiroit à veoir, & n'avoit pas trois nuits qu'il avoit songié que un Aigle le assailloit, duquel il se deffendoit, mais toute la force de luy & de sa gent ne luy povoit rien valoir, car ledit Aigle le accouvetoit tout de ses aisles, & le vouloit bequier es yeux qu'il luy eust crevé se à luy ne se fut rendu. Ledit de Grançon ne savoit que c'estoit à dire. Hée Dieu dit Carvalay se je avoye ainsi songié je m'en iroye tout droit, où je sauroye Bertran, & sans attendre bataille me rendroye à luy. Car c'est l'Aigle qui en France fera crier* Montjoye S. Denis. En effet ce Connestable avoit un Aigle en ses Armoiries, comme elles sont blasonnées au chap. 40. de sa vie.

Ce nom de Mõtjoye est demeuré au Roy d'Armes de France. Et Gaguin a remarqué en son traité des Herauts que Loüis de Roussy fut le premier qui le porta.

Entre les coûtumes de France, celles de Sens, de Troyes, de Chaumont & de Bar-le-Duc, portent qu'enrre les Enfans des Nobles, appartient au fils aisné le nom de Seigneur, le Cry, & les Armes. Et Froissart pour dire que les Comtes de Foix estoient Seigneurs de Bearn, dit, *Ainsi ont esté anciennement les Comtes de Foix, qui ont esté Comtes & Seigneurs du pays de Bearn, & en portent le Cry, les Armes, le nom & le profit,* vol. 3. chap. 7.

Dans les Tournois & dans les ceremonies de Chevalerie, lors que les Armoiries estoient exposées, on y mettoit d'ordinaire le cry de guerre, cela ne s'est guerre pratiqué qu'en France, & aux Païs-bas.

Dans le formulaire des Tournois à Plaisance, composé par René d'Anjou Roy de Sicile, il est ordonné que les Escuyers & Vallets-de-Pieds des Seigneurs, crieront le cry de leurs Maîtres. *Adonc crieront ceux qui porteront les Bannieres avec les serviteurs à pied, & à cheval, les cris chacun de leurs Maistres tournoyans.*

On voit par la difference des cris dont les mesmes maisons, se sont servies en divers temps, qu'ils n'ont pas toûjours esté fixes. Il n'y a guere que ceux du nom de la maison qui ayent esté stables. Comme en Dauphiné, Clermont, Sassenage, Maubec, Montchenu, Châteauneuf, Bellecombe, &c. crioient leurs noms, dit un ancien manuscrit.

CHAP.

CHAPITRE III.

Des Devises des Armoiries.

CE n'eſt pas mon deſſein de parler icy des Deviſes reglées, dont j'eſpere de donner un jour un Traité entier. Je ne veux que reduire à certains chefs, celles qui ſe pratiquent en Armoiries.

Elles ſont d'ordinaire de peu de mots, ou en Chiffres, ou en Rebus, ou en Sentences, ou en Proverbes, ou en Alluſion avec le Nom, ou de rapport aux figures des Armoiries.

Elles ont fait autrefois les ornemens les plus ordinaires des Habits de Tournois, des Houſſures, des Lits, des Meubles, & des Maiſons des Chevaliers, & grands Seigneurs. Les Dames meſmes en portoient ſur leurs Habits.

Les plus ordinaires eſtoient de Lettres ſemées ſur les bords de la cotte-d'Armes, ſur les Houſſures, & dans les Bannieres. Olivier de la Marche, parlant de Jacques de Lalain au chap. 16. du livre 1. de ſes Memoires, dit, *Son Cheval eſtoit couvert de drap de Damas gris bordé de gros eſtocs, jettans flames de feu, & de ſa lettre qui fut un K. qui eſt une lettre hors du nombre des autres.*

De meſme parlant de Jean de Compays Gentilhomme de Savoye, il dit, *Qu'il eſtoit de ſa perſonne monté ſur un deſtrier couvert de cendal blanc, ſemé de ſes lettres, qui furent d'or, & me ſemblerent de peinture*, & furent trois lettres qui furent en mot A U F.

Ces Deviſes de ſimples lettres, ſont aujourd'huy plus rares en Armoiries. La maiſon de K*ergos* en Bretagne a porté pour Deviſe ce Rebus de lettres, M. qui T. M. *Aime qui t'aime.*

La maiſon des *Capece*, qui eſt des plus illuſtres du Royaume de Naples, a pour Deviſe entre deux Cimiers un S. & un V. entrelaſſez, ſurmontez de trois Couronnes.

La Deviſe de la maiſon Royale de

Savoye est de ces 4 lettres F. E. R. T. ausquelles on a donné diverses interpretations. Elle fait encore aujourd'huy une partie du Collier de l'ordre de l'Annonciade, avec des enlassemens de lacqs d'Amour. Elle est dans les Monnoyes anciennes des Comtes & Ducs de Savoye avec leurs Armoiries.

Nos Rois avoient aussi leurs Chiffres, dont ils accompagnoient leurs Armoiries, & nous voyons dans les Monnoyes de Charles V. Charles VI. Charles VII. Charles VIII. & Charles IX. des K. à costé de l'Ecusson de leurs Armoiries, Henry II. Henry III. & Henry IV. mettoient des H. Louïs XIII. de glorieuse memoire, & le Roy son fils des L. mais ces lettres sont chiffres de leurs Noms, plûtot que Devises.

C'est ainsi que les *Hotmans* à Paris mettent un H. sur le Collier d'or des Lions qui servent de supports à leurs Armoiries.

L'ancienne Devise de Messieurs de Guise, qui avoient des A. dans des O. pour dire *chacun à son tour*, est devenuë celebre par le proverbe qui s'en est fait.

Il y a à proprement parler des devises de huit sortes en Armoiries. 1. Des devises équivoques aux noms des maisons qui les portent. 2. Des devises de rapport aux pieces des Armoiries, du cimier, ou des supports. 3. Des mots enigmatiques, & à sens couvert. 4. Des Proverbes ou Sentences claires & evidentes. 5. Des mots Historiques. 6. Des Chiffres parlans en Rebus. 7. Des devises de simples figures. 8. Et des devises de figures & de mots, mais qui ne sont pas dans les regles des veritables Devises.

Il y a quantité d'exemples de devises equivoques aux Noms, ce qui fait voir que l'on a affecté cette espece de devises, quand d'ailleurs on ne pouvoit pas prendre des Armes parlantes.

La maison de *Vienne* en Bourgogne. *Tost ou tard Vienne*, ou *à bien Vienne tout.*

Vaudrey en la mesme Province, *I'ay Valu, Vaux, & Vaudray.*

Senecey en la mesme Province, *In Virtute & Honore Senesce.* Elle est écrite en grosses lettres, au Château de Senecey.

Mypont en la meſme Province. *Mypont difficile à paſſer.*

Du Blé en la meſme Province. *En tout temps du Blé.*

Laye dans qui eſt fonduë la maiſon du Blé. *Bonne eſt La Haye au tour du Blé.* Ils prononcent *La Haye* comme *Laye* ſans aſpiration.

De Viry dans la meſme Province, qui porte de ſable à la croix de Moulin d'argent. *A Virtute Viri.*

En Savoye *Du Butet.* La Vertu mon but eſt.

Belly. *Dubius eventus Belli.*

Grandſon, *A petite Cloche grand ſon.*

Les Ducs de Nemours de la maiſon de Savoye. *Suivant ſa voye.*

Portier. *De tous Châteaux Portier.*

Mont-Joüet. *Dieu ſeul mon Ioug eſt.*

En Dauphiné Loras, *un jour L'auras.*

Arces. *Le bois eſt Vert, & les füeilles ſont Arſes.*

Eurre. *A Toute heure.*

Auberjon. *Maille à maille ſe fait l'Auberjon.*

D'Avene. *Tenui meditatur Avenâ.*

Disemieu. *Il n'eſt nul qui diſe mieux.*

Flotte. *Tout flotte.*

Bout. *De Bout en bout.*

Theys *de tout me Tais.*

En Languedoc Alez. *Allez comme Allez.*

En Bretagne Morlaix. *S'ils te mordent mors les.*

Le Chat Kerſaint. *Mauvais Chat, mauvais Rat.*

Rieux. *A tout heurt Rieux.*

Queleu porte en bas Breton. *En peh Amſer Quelen*, qui ſignifie, en toute ſaiſon il fait bon prendre conſeil.

Purpurat en Piedmont. *Biſſus & Purpura.*

Henris au païs de Foreſt. *Toûjours en ris jamais en pleurs.*

Du Bourg au meſme Pays. *Du Bourg en la Cité.* C'eſtoit la deviſe du Chancellier Antoine du Bourg.

Campi à Plaiſance, portent de gueulles à deux Lions affrontez d'or, ſoûtenans un compas de meſme au chef echiqueté d'or & de gueulles. Et pour deviſe ces mots du Pſal. 95. *Gaudebunt campi*,

& omnia quæ in eis sunt.

Ceux de Cremone, qui ont des épics de Bled ponr Armoiries, ont pour devise ces mots du Psal. 64. *Campi tui replebuntur ubertate.*

En Franche-Comte Achey. *Iamais las d'Acher.*

Jacques Bastard de Savoye, Abbé d'Entremonts *Sans fourvoyer sa Voye.* Ses Armoiries sont à l'entrée de l'Eglise du petit Bournan en Savoye, avec une bordure engreslée, & le filet de bastardise.

Jean de la Haye Hollandois, avoit pour devise. *Laissez croistre la haye.*

Pierre Certon Chanoine de l'Eglise de Melun. *Tene certum : dimitte incertum.*

Chandée en Bresse. *Ia ne sera chandée.*

Vento Seigneurs des Pennes en Provence, originaires de Gennes. *Super Pennas Ventorum.*

Grise en Flandres. *Avec le temps Grise.*

Heincaert au mesme pays, qui signifie boiteux. *Marche droit Heincaert.* C'est à dire marche droit boiteux.

Charrier à Lion & en Auvergne. *Charrier droit.*

Coursant. *Court sans cesse.*

Beaujeu. *A tout venant Beaujeu.*

Il y a grand nombre de devises, qui ont rapport aux figures des Armoiries.

Les *Sabbatiers* à Arles en Provence, qui portent un Croissant & trois coquilles pour Armoiries, ont pour devise. *Pleno sidere Plenæ* Nostradamus en son histoire de Provence, rapporte cette devise.

Cassard en Dauphiné, d'azur à la Licorne d'argent. Devise, *Sans Venin.*

Montchenu en la mesme Province, une bande. Devise, *La droite Voye.*

Boche à Arles, qui a trois Voiles pour Armoiries, a pour devise. *Mas Fortunas, mas Velas.*

Simiane en Provence & Dauphiné, d'or semé de Lys & de Tours d'azur. Devise, *Sustentant Lilia Turres.*

Cavasso en Piedmont, d'azur, à une Truite d'or, mise en bande. Devise, *Droit quoy qu'il soit*, parce que ce poisson va presque toûjours contre le fil de l'Eau, quelque rapides que soient les courans.

Vangüé en Vivarets, qui porte d'azur au Coq d'argent cresté & barbé de gueulles, & qui a pour supports deux Lions à la teste contournée, a deux devises, dont l'une est simplement ce mot, *Vigilantia*, & l'autre, *Sola vel voce Leones Terreo.*

Les *Pimentels* en Espagne, qui ont un Aigle volant pour cimier, y ajoûtent pour devise. *Mas vale Volando.*

Prunier en Dauphiné, qui porte de gueulles à la Tour d'argent. *Turris mea Deus.*

Il y a quantité de demy mots, que j'appelle enigmatiques, & de sens couvert, parce qu'ils ne sont entendus que de celuy qui les porte. C'est ce qu'on a affecté en la plus part des Tournois, où les Cavaliers prenant des devises d'Amour, se contentoient d'estre entendus des personnes qu'ils aimoient, sans que les autres penetrassent dans le sens de leur passion.

Philippe le Bon Duc de Bourgogne, ayant épousé Isabelle de Portugal, le dixiéme Janvier de l'an 1429. dans la ville de Bruges, prit pour devise. *Autre N'aray*, voulant dire qu'aprés elle il n'en prendroit point d'autre, ayant dé-ja esté marié deux fois auparavant. On voit cette devise plus étenduë en quelques endroits en ces termes. *Autre N'aroy Dame Isabeau, tant que vivray.* Cette devise d'*Autre N'aray*, est sous ses Armoiries à Bruges dans l'Eglise de S. Donatien, parce que ce fut là qu'il institua l'ordre de la Toison d'or, en faveur de cette Princesse, comme il dit luy mesme au premier article des Statuts de cét ordre de Chevalerie, fraternité & amiable compagnie, comme il la nomme.

Monsieur Chifflet qui nous a donné en François & en Latin les Armoiries des Chevaliers de cét Ordre, n'a point rapporté les devises des premiers Chevaliers, qui sont sous leurs Armoiries au-dessus des formes des Chanoines de S. Donatien à Bruges, telles que je les ay données en la page 198. de l'origine des Armoiries, elles sont toutes enigmatiques.

Celle du Seigneur de Crequy. *Souvent m'en est.*

Celle du Begue de Lannoy. *Bonnes nouvelles.*

Florimon de Brimeu. *Autrefois mieux.*

Regnier Pot. *A la Belle.*

Gilbert de Lannois. *Vostre Plesir.*

Jean de Villers Sieur de l'Isle Adam, Pere du grand Maître de Rhodes, Jean de Villers. *Va Outre.*

Jean de Comines. *Sans mal.*

Antoine de Croy. *Souvenance.*

Jacques de Brimeu. *Plusque Toutes.*

Pierre de Bauffremont Seigneur de Charny. *Plus Dueil que Joye.*

Jean de Croy, qui fut premier Comte de Chimay. *Souvienne vous.*

Jean de la Trimouille Sieur de Jonvelle. *Ne m'oubliez.*

Pierre de Luxembourg Comte de Piney. *Vostre vueil.*

David de Brimeu. *Quant sera-ce?*

Charles Duc de Bourgogne fils de Philippe le Bon, eut pour devise. *Je l'ay emprins.* Et Marguerite d'Yorck son Epouse. *Bien en avienne.* Olivier de la Marche, dit *le mot de mondit Seigneur estoit,* je l'ay emprins. *Et celuy de Madame*, bien en avienne.

Philippes de Croy Duc d'Arschot, avoit pour devise. *J'y Parviendrai.*

Charles de Croy ſon fils, Prince de Chimay. *Je maintiendray.*

Les Proverbes & Sentences entieres, entrent ſouvent en deviſes.

Jean Euchaïre Schenck Baron de Caſtell en Allemagne, qui porte d'argent au bois de Cerf de gueulles, a pour deviſe. *Plûtot rompre que flechir.*

Vvolfgang François Ignace Baron de Spiringk. *Plus cogitare quam dicere.*

Chalant en Savoye. *Tout eſt & n'eſt rien.*

Granery à Turin. *Vt ſeres metes.*

Solara en Piedmont. *Tel fiert qui ne tuë pas.*

Grilles à Arles & à Gennes. *Nitimur in vetitum.*

Bardonenche en Dauphiné. *Tutum forti præſidium virtus.*

Baronat en Forets. *Vertu à l'honneur guide.*

Les mots hiſtoriques ſont d'autant plus beaux, qu'ils marquent des evenemens illuſtres.

Guzmans Ducs de Medina Sidonia. *Mas peſa el Rey que la ſangre.* C'eſt à dire, *Le Roy l'emporte ſur le ſang.*

Dom Alonſo Perez de Guzman, eſtant l'an 1293. Gouverneur de la Fortereſſe de Tarifa, aſſigée par les Mores, & aprés une longue reſiſtance, ayant eſté ſommé de rendre la Place, ou qu'ils feroient mourir ſon fils qu'ils tenoient entre les mains, ce brave Gouverneur peſant le zele de la Foy, & celuy de ſa Patrie avec le ſalut de ſon propre fils, prefera l'un à l'autre, & jetta luy-meſme du haut de la muraille un poignard aux aſſiegeans, en prononçant ces genereuſes paroles. *Mas peſa el Rey que la ſangre*, qui ſont demeurées en deviſe à ſa famille avec le cimier d'une Tour, dont un Cavalier armé jette un poignard. Lope de Vega a conſacré cette action genereuſe par ces Vers, dans leſquels il fait parler Dom Alphonſe.

Yo ſoy aquel Dom Alonſo.
Que al Moro de Africa dio
El cuchillo qus matò
Mi Hijo Dom Pedro Alonſo.
Llamanme de gloria lleno,
Por el hazana que alabo,
Italia Torcato el bravo
Y Eſpana Guzman el bueno,

Christophle Colon a laissé à sa posterité une autre devise d'evenement pour la découverte du nouveau monde. Ce sont ces deux vers Espagnols.

Por Castilla y por Leon
Nuevo mundo Hallò colon.

Un autheur Espagnol dit que l'on voit gravé sur une des montagnes de Burgos autour des Chaudieres, des Armoiries des Pachecos ces quatre Vers.

Estas calderas gravadas
De oro y de plata misto
Se vieron à qui fixadas
Antes de la venida de Christo.

Cette fable se détruit d'elle-mesme, à moins qu'on ne vüeille l'entendre du temps devant que les Mores fussent chassez d'Espagne, & la Religion Chrestienne rétablie.

La maison de Sassenage en Dauphiné, a eu pour devise autrefois. *J'en ay la garde du Pont*, dont Monsieur Chorier qui a écrit l'histoire Genealogique de cette maison, dit que l'autheur & la cause sont ignorez. On voit neantmoins qu'elle est historique.

La maison des *Paterins* de Lion, qui est à present éteinte, & qui a donné autrefois un premier President au Parlement de Dijon, & un Podestat de Milan, portoit en cimier un Ecusson de Bourgogne avec cette devise. *Le Duc me l'a donné.*

Les Chiffres parlans en Rebus, ont esté tres-frequens au siecle passé.

On voit encore à Saint Martin des Champs, & en plusieurs autres endroits la devise de Pierre de Morvilliers Chancellier de France. C'est une Herse liée àun Y. pour exprimer en Rebus. *Mort vie liez*, parce que la herse est le symbole de la Mort, qui rend toutes choses égales, comme la Herse applanit, & égalise les sillons. A Rome on ne fait point de Funerailles solemnelles pour les Princes, pour les Cardinaux, &pour les personnes de qualité, que l'on n'y mette cette Herse avec ces mots. *Mors æquat omnia.* Comme je vis aux Funerailles de la Reyne d'Angleterre, au College des Anglois, & en celles du Cardinal d'Elci, qui mourut durant le dernier Conclave. l'Y est le ſymbole de la vie, d'où vient qu'elle est appellée la lettre de Pythagore, parce que Pythagore diſoit que l'enfance estoit repreſentée par le pied de cette lettre, & qu'auſſitoſt que l'on entroit dans un âge raiſonnable, la vie ſe diviſoit en deux voyes, dont l'une eſt celle du vice, l'autre celle de la vertu. Ainſi voilà cette deviſe, ſi longtemps cherchée, & ſi longtemps ignorée, expliquée par un Rebus équivoque, au nom de *Morvillier*.

L'ancienne deviſe de la maiſon de Medicis, n'eſt pas moins embroüillée. C'eſt une Bague avec un Diamant, & trois plumes d'Auſtruche, pour ſignifier que celuy qui la portoit ſeroit toûjours invincible au milieu des peines. *Semper Adamas in pœnis*. N'y ayant pas grande difference entre le mot de *peine*, & de *penne*, pour des gens qui affectent ces froides alluſions. Montagne au livre 2. de ſes Eſſais chap. 12. parle de certaines Bagues qui eſtoient en uſage de ſon temps, dont on faiſoit des Rebus. *Ces Bagues*, dit-il, *qui ſont entortillées en forme de plumes, qu'on appelle*

appelle en devise. Penne sans fin. *Il n'y a œil qui en puisse discerner la largeur, & qui se sceut defendre de cette piperie, que d'un costé elle n'aille en élargissant.*

Un autre Medicis portoit un Espervier tenant une Bague avec un Diamant, qui signifioit en Rebus. *Spera ver un di amante senza fine.* C'est la devise de Cosme, de François, & de Pierre de Medicis, Chevaliers de la Toison d'or, qui la portoient en cimier.

Entre les devises de simples figures, estoit celle du Fusil, des Ducs de Bourgogne. Celle du Chardon des Ducs de Bourbon. Celle des Roses blanches, & des Roses rouges, de la maison d'Yorck, & de la maison de Lanclastre en Angleterre.

Roland de Hautkerke Chevalier de la Toizon d'or, de la premiere creation, avoit pour devise deux Cornets autour de ses Armoiries, comme on voit à Bruges dans l'Eglise Saint Donatien.

Le Seigneur de Ternant, deux Bracelets, ou deux Hameçons.

En Piedmont il y a divers exemples de celles de figures & de mots, qui ne font pas des devises Regulieres, comme les Valpergues ont pour deviſes des Eſtriers à coſté de leurs Armoiries, avec le mot, *Ferme Toy.*

Les *Aglié* Saint Martin. Un trouſſeau de Fleches, avec le mot, *Sans Departir.*

Fruſaſque, des Tours à tourner, avec le mot, *Qui Qui.*

Le Cardinal de Bourbon avoit un bras avec une Epée flamboyante, & le mot, *N'eſpoir ny peur.*

M*ontmorency*, une Eſpée avec le mot Grec ΑΠΛΑΝΩΣ.

André de Laval Admiral de France, un Aviron Flamboyant, avec le mot, *Pour un autre non.*

Loüis Duc d'Orleans avoit un Bâton noüeux avec le mot, *Je l'Envy.* Et Jean Duc de Bourgogne ſon adverſaire, prit un Rabot avec ces mots Flamands, *Hic Houd*, qui ſignifie, *Je le tiens.*

Les Ducs de Mantoüe, le Mont Olympe, avec un Autel au deſſus, & le mot, *Fides.*

Il y a des deviſes en diverſes Langues, Grecque, Latine, Turque, Eſpagnole, Allemande, Italienne, Flamande, Françoiſe, & meſme en bas Breton,

Celle de Montmorency eſt Grecque. J'en ay vû une Turque dans l'Abbaye d'Hautecombe, ſur la cotte-d'Armes d'un Bâtard de Savoye.

François Cybo, en portoit une Allemande. *Van gut ins beſſer.* C'eſt à dire de bien en mieux.

Les *Chavaris* d'Arles originaires de Gennes, en ont une Italienne. *Aſſalire è del forte e ſoſtenir.*

Celle des *Veras* en Eſpagne, eſt Latine. *Veritas Vincit.*

Coetanſcours en Bretagne. *Ha galon Vat*, c'eſt à dire de grand cœur.

Goazouhallé, la meſme. *Ober ha tevel.* Faire & Taire.

En Italie les branches des Familles ſont diſtinguées par les Deviſes, d'où vient que l'on a diſtingué à Naples les Carraſes de *la Stadera*, & les Carraſes de l'Eſpine, parce que les uns avoient une Balance Romaine, & les autres une Eſpine pour Deviſe.

Les *Fregoſes* à Gennes ſe diviſerent en diverſes branches des Fregoſi *Semprevivi*; Fregoſi *della Stanga*. Fregoſi *del Pelicano.* Fregoſi *del Grancio.* Fregoſi *dell Aquila.* Qui furent autant de distinctions par les corps de leur Devise.

Les Devises n'ont pas esté fixes dans les Maisons.

Nous le voyons en la maison de Rochefort d'Ailly en Auvergne, qui porte de gueulles à une bande ondée d'argent accompagnée de six merlettes de mesme. Car Hector de Rochefort porta pour devise. *Bien fondé Rochefort.*

Guillaume de Rochefort. *Nasci, laborare, mori.*

Hugues de Rochefort : *Moderata durant.*

Claude de Rochefort : *Per ardua virtus.*

La devise ordinaire de la maison de *Sales* en Savoye, est *Ny plus ny moins*, cela n'a pas empesché que quelques uns de cette maison n'en ayent prises de particulieres. Celle de Christophle de Sales estoit, *Tout pour Dieu.*

Celle de François de Sales Seigneur de Boisy, *En bonne Foy.*

Celle de Jean de Sales, *Adieu biens mondains.* Ou en Latin, *Mundana valete.*

Celle de Galois de Sales Seigneur de

Villaroget. In *Paucis Quies*.

Celle de Saint François de Sales. *Nunquam excidet*, sous-entendant *Charitas*. Devise tres-convenable à son esprit, qui estoit tout à tous, & un esprit universel. La pieté de cette illustre maison paroît dans toutes ces Devises.

La maison de *Lyobard* en Bugey, avoit pour ancienne Devise, *Pensez-y Belle, fiez vous y*. Qui estoit une Devise de Tournoy. Neantmoins Claude de Lyobard, Commandeur de Malte, George de Lyobard Seigneur du Chastelet, & René de Lyobard premier President au Senat de Savoye, prirent pour Devise. *Togâ Religione, & armis*, pour marquer leurs trois conditions differentes. Souvent mesme la mesme personne en a pris plusieurs differentes en divers temps, comme Anne de Montmorency, estant grand Maistre de France, prit pour Devise, *In mandatis tuis Domine semper speravi*. Peu de temps aprés il prit, *Sicut erat in principio*, pour dire qu'il seroit toûjours le mesme, & que les honneurs ne changeroient point ses mœurs. Estant Connestable il prit ces mots de Lucain. *Arma tenenti omnia dat qui insta negat*.

Les Devises en Armoiries se placent de plusieurs manieres : quand elles sont de simples mots, on les met le plus souvent en cimier, & quelquefois dans des rouleaux qui sortent du bec des oiseaux, ou des gueulles des animaux qui sont en cimier.

Il y en a d'enveloppées en des listons, tout autour des arbres, des fleches, & autres pareilles choses.

Celles des Ordres sont sur les Collier, comme F. E. R. T. de Savoye. Et *Honni soit qui mal y pense*, de la Jartiere sur la Jartiere mesme. *LOS* sur le Croissant de l'Ordre de René d'Anjou.

Celle des Ducs de Monaco, est sur la Couronne de leurs Armoiries. *Deo Iuvante.*

Le Mont Olympe, de celle des Ducs de Mantoüe, sort de la Couronne de leurs Armoiries & la remplit, & le mot ΟΛΥΜΠΟΣ est au dessous.

Celles qui ont Corps & Ame, se mettent ou aux costez de part & d'autre, ou au dessous. Celles des *Saint Martin*, *d'Aglié*, des *Valpergues*, & des *Frusasques* en Piedmont, sont au deux costez de leurs Armoiries. Ce qui les a fait prendre par quelques uns pour des supports.

Les deux Colomnes de Charles IX. sont à costez de ses Armoiries en divers endroits, l'une d'un costé, & l'autre de l'autre. De mesme les deux de Charle-Quint avec le mot, *plus outre*, *plus* d'un costé, & *outre* de l'autre.

Le Porc-Epy de Loüis XII. & la Salemandre de François I. sont en plusieurs lieux sous leurs Armoiries.

Les Espagnols les mettent assez souvent en bordure dans l'Ecu mesme, c'est ainsi que le pratiquoit un Archevesque de Tarragone, nommé Jean *Teres*, qui ayant pour Armoiries un Lion, qui tenoit une longue Croix, avoit autour en bordure, *Teres hujus virtute omnia*.

Bernard Clesf Evesque & Prince de Trente, Cardinal, portoit deux Ecussons, l'un de son Evesché, & l'autre de sa maison, sous une mesme Mitre, un peu panchez en haut, l'un vers l'autre, & au dessous sa Devise, de cinq ou six pieces de bois jointes enſemble, avec le mot *Vnitas*, ſur un liſton volant.

Les Papes dans leurs Sceaux mettent d'un coſté les teſtes de Saint Pierre & de Saint Paul en regard, & de l'autre le rond eſt écartelé au premier quartier on lit SANCTUS PETRUS. Au ſecond SANCTUS PAULUS. Au deux autres le nom du Pape, & autour du rond leur Deviſe en legende. Elle eſt toûjours tirée de quelque verſet de l'Ecriture Sainte. Et ils la prennent quand ils ont eſté élus. Je parleray de ces Deviſes dans un Traité exprés de la Deviſe.

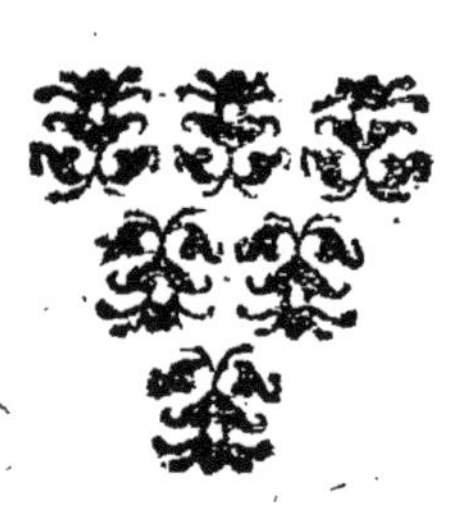

CHAP.

CHAPITRE IV.

Des Epithetes, Proverbes, Sobriquets, & autres pareilles choſes, qui font connoiſtre la grandeur & l'ancienneté des maiſons.

Ce ne ſont pas ſeulement les marques d'honneur, les charges & les grands emplois qui nous font connoiſtre l'éclat & l'ancienneté des maiſons. Le peuple qui ſe meſle de dire ſon ſentiment de toutes choſes, a donné cours à certains Proverbes, qui nous expriment la grandeur, & les avantages particuliers de certaines maiſons nobles par deſſus les autres. Quelques unes de ces maiſons ont auſſi affecté des Deviſes en forme de Proverbes, pour faire connoiſtre ce qu'elles eſtoient. Les Princes leur ont donné des Epithetes, & en ont fait en peu de mots des Eloges glorieux qu'elles ont conſervez. Enfin il y a des vers qui en ont conſacré la gloire. Ce ſont ces ſortes de choſes que je ramaſſe en ce Chapitre.

Les Romains loüoient autrefois *la Moderation des Pisons, la Sagesse des Lelies, & la Religion des Metelles.*

Bernardin Martarani Secretaire de l'Empereur Charles-Quint fit ce Sonnet pour les familles Nobles de la ville de Cosence au Royaume de Naples.

Ecco i figli di Grate antichi e buoni
Maurelli, Migliaresi, e Martirani
Longhi, Rocchi, Materi, e Quatrimani
Tilesi, Longobucchi, e Filraoni.
Son co Sirsali *cavalieri as proni*
Sambiasi, Carolei, Tarsi, e Marani
E questi che gia fur Napoletani
Sanfelici, Gaeti, *e gli* Scaglioni.
J. Cavalcanti *venner da Fiorenza,*
E da Peruggio vennero i Beccuti.
I Britti *e i* Castelli *da Rossano,*
Queste son le famiglie di Cosenza,
Chi llustran questi monti, e questo piano
E fur i primi à portar lancie e scudi.

C'estoit un ancien Proverbe à Florence de dire à ceux qui faisoient les grands *Patience si tu estois des Bardi* parce que cette maison estoit tres-considerable.

Se tu fusse stato de Bardi sarebbe basto. C'est ce que dit le Giotto à un Artisan qui l'avoit prié de luy peindre des armes. Ce Peintre à qui toute l'Italie reconnoit que l'on doit le retablissemẽt de la peinture, luy peignit un Casque, une Cuirasse, une Lance, une Epée, un Poignard, une Masse-d'Armes, des brassards, des Eperons, &c. Et celuy-cy luy ayant dit qu'il luy demandoit des Armoiries & non pas des Armes, il luy dit que cela seroit bon s'il estoit de la maison des Bardi. *Se tu fosse stato de Bardi sarebbe basto.*

Scipion Ammirato au traité qu'il a fait des familles Nobles du Royaume de Naples, dit que l'on disoit à ceux qui s'en faisoient trop à croire, il semble que vous soyez de la maison des Baux, qui estoit puissante en ce Royaume-là aussi bien qu'en France, où elle avoit la Principauté d'Orange. *Delle famiglie venute nel nostro Reame co Re Francesi niuna corse questo arringo di nobiltà con magior fortuna, che si havesse fatto la famiglia del Balzo di cui insin a miei tempi era frà le bocche de gli huomini un così fatto proverbio restato, che quando di alcun si volea parlare che molto presumesse della sua nobiltà, se gli diceva.* Sares tu mai della Casa del Balzo. *Parte secunda delle famiglie nobili Napoletane.* Pag. 234.

Je trouve aussi dans une histoire Latine de la maison des Borromées, que leurs richesses estoient passées en Proverbe par toute l'Italie. *Per universam Italiam Proverbij loco dicitur.* Putas Borromæorum obtineat gazas?

En Espagne les couplets de Gracia Dei pour diverses familles, sont celebres. Et on en fait encore tous les jours, qu'on attribuë à cét Autheur, pour les faire mieux recevoir.

On disoit anciennement en Catalogne des principales familles.

1. Conde de Tarragona,
Visconde d'Escarnalbon,
Noble de Castellet.
2. Conde de Barcelona,
Visconde de Cardona,
Noble de Monclus.
3. Conde de Serdaña,
Visconde de Querforat,
Noble de Ure.
4. Conde de Pallas,

Vifconde de Villamur,
Noble de Velloria.
5. Conde de Urgel,
Vifconde de Ager,
Noble de Termens.
6. Conde de Vique,
Vifconde de Cabrera,
Noble de Centelles.
7. Conde de Ruicellan,
Vifconde de Caftelnou,
Noble de Canet.
8. Conde de Ampuries,
Vifconde de Roccaberti,
Noble de Cervia.
9. Conde de Befalu,
Vifconde de Bas,
Noble de Porqueras. *Que oy fe dizen de fantapau.*

Il y a des titres pour les villes d'Efpagne, qui font des conceffions, comme Madrid fe nomme *la Coronada villa de Madrid*, par conceffion de Charles-Quint.

Tolede, *Cuença*, Logrono, *Medina de Riofecco*, *Carmona*, & quelques autres villes ont titre *de Muy noble & Leal*, par conceffion de divers Rois. *Tolede* par conceffion de Henry IV. l'an 1464.

confirmée depuis par Ferdinand, & Isabelle en 1476. & par Philippe II. en 1576. *Cuença* par Ferdinand & Isabelle en 1476. Logrono par Jean II. *Medina de Riosecco* par Jean I. *Carmona* par Ferdinand III.

A Seville sur la porte de Xeres, il y a des vers fort anciens, glorieux à la maison de Vargas.

Hercules me Edificò
Iulio Cesar me cercò
De Muros y Torres altas
Y el Rey santo me ganò
Con Garci Perez de Vargas.

Dans la grande Eglise de Chaves, sont ces cinq vers pour la maison de Chaves, en memoire des deux Freres Garci Lopes, & Ruy Lopez, qui la prirent sur les Mores.

Dois Hermanos con as quinas
Sen Rey ganaron à Chaves
Donde en Rojo Chrystalinas
Lles foy dado por insignias
En su Escudo cinco Chaves.

On dit en ce pays-là de la maison des Manriques, & de ceux qui en sont, ce Proverbe. *Il est des Manriques, ils viennent des Goths* Pour marquer l'ancienneté de cette maison, & la Noblesse incontestable de ceux qui en descendent. *Es de los Manriques, Vienen de los Godos.* Aussi cette maison a depuis longtemps pour Devise ou pour Proverbe.

Nos non descendimos de Reyes
Sino los Reyes descienden de nos.
Nous ne descendons pas des Rois
Mais les Rois descendent de nous.

On disoit en Espagne du son de la Trompette, & de la maison de Ron.

A este son comen los de Ron.

Parce qu'ils faisoient corner la viande à la façon des grands Seigneurs, & sonner leur disné à son de Trompe, pour inviter ceux qui voudroient y aller. *Se dizia antiguamente porque sus ascendientes al tiempo de Comer hazian tocar una trompeta para que viniessen à sentarse a su mesa todos los que quisiessen. Geronimo Pardo en las Excelencias de Santiago, p. 2. l. 4. en las origenes de las casas de Galicia.*

On dit en Castille, *Los de Roxas son mas que los de Veras.* Parce que la premiere de ces familles est plus nombreuse que l'autre.

On disoit en Savoye,

N'en deplaise à Miolans
La Chambre *passe devant.*

Ce fut peut estre la cause de la Devise de Miolans, qui estoit *force m'est*, comme si elle eust voulu dire qu'il luy estoit force de ceder. On disoit encore.

Terny, Viry, Compey
Son le meillou maison du Genevey
Salenove e Menton
Ne le craignon pa d'un bouton.

Monsieur Guichenon a remarqué ce Proverbe en son histoire de Bresse dans l'Eloge de la maison de Menthon.

On dit dans le Lionnois de ceux qui dissipent beaucoup de biens.

Que quand ils auroient
Les biens de Grolée & de Gadagne
Ils les mangeroient.

Parce que ces deux maisons y estoient tres-riches & tres-puissantes.

On disoit des *Malains* de Bourgogne.

Qui veut sçavoir des Malains la Noblesse,
L'aille chercher à Genos dans la Bresse.

Parce qu'un Odet de Malain Seigneur de Luz environ l'an 1470. epousa

Jeanne de Genod, maiſon tres-ancienne de Breſſe.

On diſoit en Bourgogne de la maiſon de Lugny.

Il n'y a oiſeau de bon nid
Qui n'ait plume de Lugny.

Parce que cette maiſon avoit poſſedé beaucoup de Terres, qui en avoient eſté demembrées par les Alliances.

Le chef de la maiſon de Coucy diſoit autrefois,

Ie ne ſuis Roy ny Prince auſſi
Ie ſuis le Seigneur de Coucy.

Le Seigneur d'Arces en Dauphiné.

Ny Duc ny Prince ne veux eſtre.

Les Seigneurs de Grolée en Bugey.

Ie ſuis Grolée.

La Picardie a trois Vaudevilles ſemblables, dont le premier eſt celuy-cy.

Ailly, Mailly, Crequy,
Tel Nom, telles Armes, tel Cry.

Pource que ces trois familles ont des armes parlantes, & crient leurs noms, quelques uns y ajoûtent *Tanques*.

Il faut remarquer icy touchant la maiſon d'Ailly, qui eſt ſans difficulté des plus illuſtres du Royaume, l'erreur que l'on a faite, & que l'on fait encore tous les jours touchant ſes Armoiries, qui ſont de gueulles au chef échiqueté d'argent & d'azur de trois tires, que c'eſt ce chef éhiqueté qui rend ces Armoiries équivoques, parce qu'il repreſente en quelque maniere les mailles d'un filet à peſcher, que l'on nomme un *ailler*, cependant ceux qui n'ont pas fait cette reflexion, ſçachant d'ailleurs que cette famille avoit des Armoiries parlantes, & voyant le gueulles du champ damaſquiné en quelques endroits, comme le ſont la plus-part des anciens Ecuſſons peints ſur le verre, ont pris cette damaſquinure pour des branches d'allizier, qu'ils ont faites de pourpre, parce que cette damaſquinure eſtoit d'un rouge un peu plus clair, eſtant la coûtume de diaſprer de la meſme couleur meſlée d'un peu de blanc pour la rehauſſer & pour la faire paroiſtre. Ceux qui n'ont pas voulu que ces branches fuſſent de pourpre les ont faites d'argent, & aujourd'huy cette Armoirie eſt chargée en quelques endroits de ces deux branches pliées en couronne ou paſſées en ſautoir, qui la rendent moins belle qu'elle n'eſtoit auparavant.

Le second Vaudeville est celuy-cy.

Rubempré, Rambures, & Renty,
Belles armes & piteux cry,

Le troisiéme.

Piqueny, Moreüil & Roye
Sont ceints de mesme courroye.

En Bourgogne on disoit autrefois.

Riches de Chalon,
Nobles de Vienne,
Preux de Vergy,
Fiers de Neufchastel.
Et la maison de Bauffremont,
D'où sont sortis les bons Barons.

Cesar Nostradamus, en son histoire de Provence, dit qu'on trouva sur la converture d'un livre les sobriquets, des principales familles de Provence, écrits de la main de René Roy de Sicile, & Comte de Provence.

Hospitalité & bonté d'Agoult.
Liberalité de Ville-neufve.
Dissolution de Castellane.
Sagesse des Rābauds de Simiane.
Fallace & malice des Barras.
Simplesse de Sabran.
Fidelité de Boliers.
Constance de Vintimille.
Temerité & fierté de Glandevez.

Prudence de Pontevez.
Inconstance de Baux.
Envieux de Candole.
Communion de Forcalquier.
Riche d'Aperioculos.
Desloyauté de Beaufort.
Gravité d'Arcussia.
Sottise de Grasse.
Vaillance de Blaccas.
Opinion de Sado.
Prud'homie de Cabassole.
Bonté de Castillon.
Subtilité de Gerente.
Ingeniosité d'Auraison.
Finesse des Grimauds.
Grandeur des Porcellets.
Vanité des Bonifaces.
Vivacité d'esprit des Fourbins.
Legereté de Loubieres.

On disoit en Dauphiné.

Arces, Varces, Granges, & Comiers.

Tel les regarde qui ne les ose toucher.

Mais gare la queüe des Berangers & des Allemands.

Vulson la Colombiere, rapporte les attributs de quelques familles de Dauphiné, faits à l'imitation de ceux du Roy René, & dit qu'il les a luz derriere une vie manuscripte du Chevalier Bayard.

Paranté d'Alleman.
Proüesse de Terrail.
Charité d'Arces.
Sagesse de Guiffrey.
Loyauté de Salvaing.
Amitié de Beaumont.
Bonté de Granges.
Force de Commiers.
Mine de Theys.
Visage d'Arvilars.

On dit en Masconnois des Chevriers

Les bons Seigneurs de Saint Moris.
Et de ceux de Berzé.
Les Males gens de Berzé.

Le chef de cette seconde famille est cité tous les ans à la grande Messe de Saint Vincent de Mascon le jour de la Feste de ce Saint Martyr, & on les appelle à haute voix en ces termes, *mala gens Berziaci.*

En l'Evesché de Leon en basse-Bretagne.

Antiquité de Penhoet.
Vaillance de Chastel.
Richesse de Kerman.
Chevalerie de Kergournadec.

Voicy les attributs des familles du pays de Vaud, que j'ay trouvé parmy les memoires manuſcripts qu'on avoit communiquez à Monſieur le Chevalier de Guichenon pour ſon Heraut de Savoye.

Grandeur d'Alinge Coudrée.
Antiquité de Blonay.
Nobleſſe d'Eſtavaye.
Franchiſe de Vilarzel.
Hauteſſe de Cœur de Gingins.
Parenté de Joffray.
Pieté de Chandieu.
Bonté de Peſmes.
Richeſſes de Meſtral Aruffens.
Hoſpitalité de d'Aulbonne.
Prudence de Tavel.
Sageſſe de Signeux.
Generoſité de Praroman.
Opiniatreté de Dortan.
Amitié de Gumoens.
Accortiſe de Martine.
Politique de Ceriat.
Ingenuité de Sacconay.
Chicane de Du Gard.
Naiveté de Meſtral Payerne.
Gravité de Maillardoz.
Simplicité de Roverea.

Gaillardiſe de Lavigny.
Meſnage des Loys.
Vivacité d'Eſprit de Ennezel.
Vanité des Senarclens.
Indifference des Aſperlins.

Monſieur le Laboureur dans la Genealogie de la maiſon de Guebriant rapporte des vers anciens, où il eſt fait mention des principales familles de Bretagne.

Saint Gilles, Coetquen, les Vayers.
Maure, Molac, les Montbourchers.
Landins, Ymats, & les Ruffiers.
Saint Brice, Acigné, puis Bouſſac.
Les Brieux, Orange, Quebriac.
La Marche, Beaumont, Champagné.
Saint Pern, Coëſmes, & Guitté.
La Houſſaye, Pledran, & Vaucler,
Tremereuc, L'orfeil, Chaſtelier.
La Chappelle, Guignen, Rezay.
Accompagnez de Fontenay.
La meilleure Chevalerie.

De tout le monde comme cray.
Encore y en a-t'il de bons.
Carenrais, Carniaux, Goyons.
Botgats, Rousselets, Coetlogons.
Brambeart, Treal, Lannions.
Les Parcs, Plumaugat, Tremigons.
Boisian, Beauvois & ....
Plorec, Lanvallay, & Cyons.
Le Bart, Quedillac, & Gorbons.
Hallons, Bouliers & les Ferrons.
Maunils, Orgerils, & Porcons.
Fernerits, Parigné & Hussons.
Les Budes, Forets, & Regons.
Les Forests, Borgnes, Trecessons.
Les Vaux, Chesnaux, & Aiguillons.
Bontier, Listres, & ses Maisons.
Malechat, Giffart, & Houdons.
C'estoient si gents en armes prompts.

L'Auteur de ces vers a plus de trois cens ans. On dit en Angoumois.

Pautes, Chambes & Tisons.
Sont d'Angoulesme les anciennes maisons.

On

On dit au Maine.

Riche Boüillé,
Noble Vassé.

Ce mot de Riche signifie puissant.

Dans les vieux Registres de la Republique de Venise, on trouve le caractere & les mœurs de plusieurs familles.

Badoeri *Savij e Benevoli.*

Bembi *huomini prudentissimi, di gran conto.*

Bernardi *duri di volontà, mà molto propitij al ben della Patria, e catolici nel edificar chiese.*

Bonaldi *molto arroganti.*

Bondumieri *sottili d'ingegno.*

Barbarighi *constanti e di gran seno.*

Bochele *arditi mà leggieri di seno*, &c.

Le Marechal de Montluc dit en ses Commentaires sur la fin du Livre VII. qu'il avoit oüy dire à son Pere qui estoit vieux, que l'on disoit à la Cour, & par toute la France du temps du Roy Loüis XI.

Chastillon, Bourdillon.
Galliot & Bonneval
Gouvernent le sang Royal.

Adrien la Morliere en son recüeil des Familles du Diocese d'Amiens, dit qu'Adrien de Henencourt Doyen & Chanoine d'Amiens, fit du bien à quasi tous les Saints lieux du monde, de sorte qu'on dit communement que les Armes de Hennencourt sont depuis Amiens jusqu'en Jerusalem. C'est en la Genealogie de Lamet qu'il parle ainsi.

On disoit autrefois de Saintré, & du Marechal de Boucicaut.

Quand vient à un assaut
Mieux vaut Saintré que Boucicaut
Mais quand vient à un traité
Mieux vaut Boucicaut que Saintré.

On dit aux Pays-Bas.

Louvain Austriche, & Boüillon
Ont tous trois le mesme Blason.

Parce que tous trois portent de gueulles à la face d'argent.

En Limousin on dit.

Ventadour Vante
Pompadour Pompe.
Turenne Regne.
Et Chasteau-neuf ne les craint pas d'un œuf.

D'Escars Richesse

Bonneval Noblesse.

On dit des Villains de Gand aux Pays-Bas tres-illustre famille.

Villain sans reproche.

Des Maldeghem.

Loyauté de Maldeghem.

On dit en Nivernois.

Le *Sire d'Asnois.*

Est la fleur du Nivernois.

C'est la maison de Saint Verain.

Je ne doute point qu'il n'y ait quantité de ces Proverbes, & Vaudevilles dans les autres Provinces, qu'il sera aisé d'ajoûter à ceux-cy, que j'ay recüeillis, afin que rien ne manquat au traité des Armoiries.

L'Allemagne aura aussi sans doute les siens, mais ils ne sont pas venus jusques à moy, & quand j'estois en Allemagne, je n'eus pas la pensée de m'en informer.

Il y a celuy des Reede originaires de VVestphalie, d'où sont les Seigneurs d'Amerongen, & Rensvode dans le pays d'Utrecht, qui portent d'argent à deux fasces vivrées de sable, dont on dit.

Nid sonder Redé.

On peut connoiſtre l'ancienneté des familles Florentines par les vers du Dante, qui a mis la plus-part de ſes Concitoyens ou en Purgatoire, ou en Enfer, ou en Paradis.

Il y a des Vers, des Diſtiques, des Epigrammes, & pareilles choſes ſur les Armoiries de certaines maiſons, comme de celle de *Maleſtroit* en Bretagne, qui a des Beſans pour Armoiries.

Quæ numerat nummos non malè
ſtricta domus.

La Colombiere a rapporté deux vers ſur les Armoiries des Ceſarini, & j'ay donné ailleurs une Epigramme ſur celles des Rantzau du pays d'Holſtein.

J'ay vû ce Madrigal pour les Lys d'azur des Farneſes Ducs de Parme.

Se pien d'aurati gigli
Dal cielo à Clodoveo
Vn veſſillo cadeo.
Non minor de Franceſi,
La gloria è de' Farneſi
Son del cielo ancor queſti,
Chi non vede al color che ſon celeſti.

On dit de la ville de Seſſa.

Setia Plena bonis gerit Albi ſigna Leonis.

Le Marêchal Bertrand estoit nommé en Normandie, & dans tout le Royaume, le Chevalier au Vert Lion, parce que le sinople est une couleur rare en Armoiries en France, & particulierement pour les Lions.

On dit en Proverbe pour dire je te donneray un soufflet. *Ie te donneray les Armoiries de Varoquier*, parce qu'elles sont une main appaumée.

Il y a un Vaudeville fabuleux de la maison de Graville, dont on dit *qu'il y a eu plûtôt un Sire de Graville, qu'un Roy en France*, parce qu'ils disoient que Jules Cesar leur avoit donné cette qualité de *Sires*.

CHAPITRE V.

DES MONVMENS.

Par lesquels on peut connoistre la grandeur & l'ancienneté des maisons, & la maniere d'examiner ces Monumens.

IL y a treize sortes de Monumens, par lesquels on peut connoistre la grandeur des maisons, & leur ancienneté,

Les Tombeaux, les Edifices publics, les meubles Sacrez des Eglises, les vieux meubles des maisons particulieres. Les Chartulaires des anciens Chapitres, Abbayes, & Eglises. Les Titres & documens domestiques. Les Registres publics. Les anciennes Genealogies. Les Provinciaux Manuscripts. Les Medailles & Monnoyes. Les Sçeaux. Les Velins antiques, & les histoires Generales & particulieres.

Les Tombeaux sont des Monumens, que nous devons considerer comme des marques de la vanité de toutes les grandeurs humaines, en mesme temps qu'ils sont des preuves de la Noblesse des maisons. Ils nous font voir au dehors ce que les hommes ont esté par leurs Epitaphes & par leurs marques d'honneur, & au dedans ils nous apprennent ce qu'ils sont, quand ils nous font voir de la cendre, de la pourriture & des vers. Au dessus de six cens ans, il n'y faut pas chercher des Armoiries, puis qu'elles n'estoient pas en usage. Aussi n'y voit-on guere que des Epitaphes dont la plus-part sont de méchans vers Latins, où il y a plus de rime que de mesure.

On trouve ſur ceux des Princes & des perſonnes de la premiere qualité, leurs repreſentations ou armées, ou veſtuës de longues robes ſans aucune marque de Blaſon, non pas meſme ſur leurs Boucliers qui ſont vuides, & ſans figures. Pluſieurs ſont auſſi ſans Epitaphes, parce qu'ayant fait faire eux-meſmes ces repreſentations durant leur vie en ſe faiſant leurs Tombeaux, leurs Heritiers, n'ont pas pris ſoin d'y faire graver des inſcriptions Sepulchrales aprés leur mort. De là vient que l'on trouve bien ſouvent de ces repreſentations dans les anciennes Egliſes, ſans ſçavoir de qui elles ſont.

Il faut donc eſtablir pour regle certaine & determinée, que nous ne pouvons rien apprendre au ſujet des Armoiries, des Tombeaux, qui ſont au deſſus de l'an mille, & qu'il faut tenir pour ſuſpects tous ceux où on en trouve avec des marques d'un temps plus ancien. Il faut auſſi prendre garde à certains Tombeaux qui ont eſté ou faits ou refaits long-temps aprés la mort de ceux pour qui ils ſont faits. C'eſt ce que j'ay remarqué au traité de la pratique des Armoiries pour les Tombeaux des Papes Luce III. Urbain II. & Hadrien V. Celuy de Gregoire XI. qui est à *Santa Maria Nuova* à Rome est de l'an 1584. 212. ans aprés sa mort. Celuy de Nicolas IV. qui est à Sainte Marie Majeure, fut fait par le Cardinal Montalte, qui fut depuis Sixte V. Ainsi les Armoiries qu'on y voit ne sont pas une marque seure qu'elles ayent esté portées ainsi.

Les Tombeaux de nos Rois devant Saint Louis, sont aussi des Tombeaux refaits dans l'Eglise de Saint Denis. Et l'on ne peut rien establir de solide sur la foy de ces Tombeaux. Dans le premier traité du veritable art du Blason, que je publié l'an 1658. Je donné sur la foy de l'histoire de Savoye de Monsieur Guichenon le Tombeau de Beatrix de Savoye Comtesse de Provence, avec toutes les Armoiries qu'il a representées autour de ce Monument. Mais j'ay vû depuis par des marques infaillibles qu'il y a bien des choses fausses en ce Monument qui n'estoit pas ancien.

Sur les anciens Tombeaux, on ne trouvera guere ny Thiare, ny Mitre, ny ny Couronne ſur les Armoiries, parce que les repreſentations des Papes, des Eveſques, & des Princes y eſtant, elles ont en teſte ces marques de leurs dignitez.

La Croſſe s'y trouve plus ſouvent, & meſme plûtôt dans l'Ecu que hors de l'Ecu: de meſme la Croix d'Archeveſque, parce que ces Prélats eſtant repreſentez les mains jointes ne peuvent pas en cét eſtat les tenir entre les mains,

Le Chappeau n'eſt auſſi ſur les Armoiries des Cardinaux, que depuis environ l'an 1300. parce qu'en leurs repreſentations ſur leurs Tombeaux, ils ont d'ordinaire la Mitre en teſte.

On trouve ſur la plus-part des anciens Tombeaux quatre Ecuſſons aux Angles, qui ſont celuy de la perſonne enſevelie, celuy de ſa mere, celuy de ſon ayeule paternelle, & de ſon ayeule maternelle. Ainſi Meſſire Jean de Crequy Seigneur de Crequy, de Canaples, & de Treſſin, Chevalier de la Toiſon d'Or, a quatre Ecuſſons ſur ſon Tombeau.

Crequy à droite en haut, & *Roye* à gauche pour ſa mere Jeanne de Roye.

A droite en bas *Havesquerque* pour Jeanne de Havesquerque son ayeule, femme de Jean de Crequy son ayeul, & mere de Jean Seigneur de Crequy & de Canaples son frere. A gauche en bas est celuy de *Bethune*, pour Jeanne de Bethune mere de Jeanne de Roye. Ce Jean de Crequy mourut l'an 1474. de ces quatre Ecussons est venu le nom de *Quartiers* qu'on donne aux preuves de noblesse, parce que l'ancienne preuve se faisoit seulement de quatre Armoiries, de celles du pere, & de la mere, & des ayeules paternelle & maternelle.

J'ay vû aux Pays-Bas & en Allemagne, des Tombeaux où il y a huit, seize, & trente-deux quartiers, dont je parleray au traité des preuves de Noblesse.

Les Edifices publics sont d'autres monumens qui peuvent nous instruire de la pratique du Blason. Il y en a de trois sortes des Edifices Sacrez, des Edifices Communs, & des Edifices Particuliers. Les Edifices Sacrez sont les Eglises, Monasteres, Chappelles, &c. où l'on trouve les Armoiries des Fondateurs, bien-Faicteurs, & Administrateurs sur la Porte, aux Clefs des Voutes, aux Impostes, dans les Frises, sur les Autels, & aux Verrieres, où elles sont d'ordinaire avec les Emaux. Ce qui fait que ces Monumens sont les plus propres de tous, & les moins suspects, parce qu'il y a déja quelque temps que l'on a perdu le secret de bien Peindre sur le Verre, & nous n'avons plus d'aussi belles Couleurs, qu'il y en avoit aux Siecles precedens. D'ailleurs, quoy que le Verre soit sujet à estre cassé, quand il est entier, il ne peut pas estre suspect pour les Emaux, parce que les Couleurs qui sont sur le Verre ne changent pas comme les autres, ce qui fait que l'Argent devient de couleur de pourpre, l'Azur se noircit, & la plus-part des autres Couleurs s'alterent sur tout dans les lieux humides, & exposez à l'Air.

Il y a des Palais, & des Edifices publics, où se trouvent les Armoiries de ceux qui ont exercé les grandes Charges, & qui ont demeuré dans ces Palais. Dans les Palais Episcopaux sont celles des Evesques, & dans les maisons de Chapitre celles des Doyens

Prevoſts, & autres Dignitez. Dans l'Eſtat de Veniſe, on ne voit que Placards des Armoiries des Gouverneurs & Podeſtats, parce qu'ils changent ſouvent, & chacun eſt bien aiſe de laiſſer des marques de ſon Adminiſtration.

Les vieux Hoſtels ont celles des maiſons particulieres en Pierre, en Bois, en Verre, & en Peinture. Il y a de vieux Chaſteaux où l'on trouve des Friſes d'Ecuſſons, & d'Armoiries des alliances des maiſons.

Les meubles Sacrez ſont d'excellens Monumens, particulierement ceux où les Armoiries ſont en Email ſur les Calices, Chandeliers, & autres Vaſes d'Or & d'Argent. On affectoit anciennement de les mettre en Broderie ſur les Chappes, Chapelles, Ornemens d'Autel, & autres ſemblables choſes.

On voit à Pontigny Abbaye de Ciſteaux à quatre lieuës d'Auxerre, un Manipule, qui a de chaque coſté vingt-ſix Ecuſſons d'Armoiries rangez deux à deux. Les Religieux qui le montrent diſent que c'eſt un Manipule de Saint Thomas de Cantorbery, qui ſe retira chez eux durant la perſecution que luy fit Hery II. Roy d'Angleterre, & que ce sont les Armoiries de ses alliances. Mais je reconnus que les Armoiries principales estoient les anciennes de Vergy de deux branches de Rosier avec deux Oiseaux dessus, comme Monsieur Duchesne les a representées en divers Sceaux de cette maison. J'y remarquay aussi les Armoiries de Chastillon sur-Marne, d'Achey, de Mastaing, de Geneve, de Savoye, de Bar, des Comtes d'Aussonne, de Faletans, de Chantemerle, de Joinville, qui sont familles Françoises, & la plus-part de Bourgogne, de Champagne & des Pays-Bas.

Monsieur le Laboureur en sa Relation du voyage de la Reyne de Pologne, dit qu'entre les Chappes, qu'il vit à Nostre-Dame de Czestachovie, on luy en montra une que l'on dit avoir esté donnée par Ladislas Duc d'Opolie, Fondateur de l'Eglise, où il y avoir derriere un Ecusson brodé de gueulles à la fasce d'Argent chargée de trois Roses de gueulles, & accompagnée de sept Canettes d'Argent, quatre en chef, & trois en pointe, qu'on l'assura avoir esté les Armoiries de ce Prince.

Si l'on avoit esté soigneux dans les anciennes Eglises de conserver tous ces meubles dont nous voyons encore des Inventaires, nous aurions moyen d'en tirer de tres-belles connoissances.

J'ay remarqué dans le Tresor de l'Eglise Cathedrale de Sens sur un Reliquaire d'Argent les Armoiries de Guillaume de Melun Archevesque, qui vivoit l'an 1329. Elles estoient en Banniere écartelées des Armoiries de sa maison d'Azur à neuf besans d'Or au chef de mesme, & de celles de son Eglise, d'Azur à la Croix d'Argent, accompagnée de quatre Crosses d'Or. Il y a une Croix pour marque de sa dignité, qui broche sur le tout dans le 1. & 4. quartier.

Dans le mesme Tresor sur une Image d'Argent de Saint Estienne, sont les Armoiries d'un Gautier Evesque du Mans, qui sont d'Argent au double orle de gueulles la Crosse derriere l'Ecu.

Il y a dans les maisons particulieres de vieilles Tapisseries & de vieux meubles, où sont representées les Armoiries, & les Alliances des familles. J'en ay vû de tres-curieuses de cette sorte en divers endroits.

Les Chartulaires des anciens Chapitres, Abbayes, & Monasteres, sont les sources d'une infinité de Titres dont on tire aujourd'huy les preuves de la plus-part des Genealogies & des Histoires que l'on donne au Public. Il faut neantmoins prendre garde à quelques-uns de ces Titres dont les Originaux ayant esté perdus, on en a fait des copies, qui pour estre vrayes dans le fond, ne le sont ny dans les seings, ny dans les dates, ny dans quelques autres circonstances. Cela fait que l'on y trouve quelquefois des Anachronismes, qui peuvent rendre suspectes les choses les plus substantielles, qui sont enoncées dans ces Actes.

Les Registres des Chambres des Comptes, & des Jurisdictions anciennes sont plus exacts, & l'on en peut tirer de grands secours. Monsieur d'Herouval a obligé tous les Sçavans par une infinité de Titres de cette nature, qu'il leur a communiquez, & qu'il leur communique encore tous les jours.

Il y a des anciennes Genealogies dans les maisons, qui sont aussi d'un grand secours, mais il faut les examiner avec soin, parce que la plus part sont remplies de Fables, particulierement quand elles sont dressées par des personnes qui ne cherchent qu'à flatter ceux en faveur de qui ils les dressent, sans se mettre en peine de la fidelité qu'ils doivent au Public.

Il y a un fameux Exemple de ces fausses Genealogies dans l'histoire de Nicetas, qui raconte que l'heretique Photius pour se rétablir dans le Siege de Constantinople, qu'il avoit frauduleusement usurpé, & dont il avoit esté depuis chassé, s'avisa pour y retourner d'un stratageme qui luy servit à surprendre la credulité de l'Empereur Basile. Il composa une Genealogie de cét Empereur, telle qu'il voulut, le faisant descendre de Tyridate Roy d'Armenie, & la conduisant depuis ce Prince jusqu'à Basile, qu'il décrivit à peu prés de la maniere qu'il estoit, luy donnant le nom de *Beclas*, composé de la premiere lettre de son nom, de la premiere du nom d'Eudoxia sa femme, & de celles des quatre noms de ses Enfans Constantin, Leon, Alexandre, & Estienne, que les Grecs nommoient *Stephanos*.

Il predisoit que cét Empereur seroit incomparablement plus grand & plus illustre que tous ses Predecesseurs, & d'une tres-longue vie. Il écrivit cette Genealogie en caracteres Alexandrins sur un vieux papier qu'il avoit tiré de quelques anciens manuscripts, & l'ayant bien enveloppée, il la donna à Theophanes qui s'entendoit avec luy, & qui estoit garde de la Bibliotheque de l'Empereur. Celuy cy la mettant parmy les livres les plus rares & les plus precieux, prit son temps pour la faire voir à l'Empereur, comme la chose la plus curieuse qui fut dans sa Bibliotheque, & luy ayant fait venir le desir de s'instruire de ce qu'elle contenoit, il luy dit qu'il n'y avoit que Photius, qui fut assez connoisseur en ces sortes de choses pour les luy expliquer, ce qui obligea l'Empereur de le rappeller de son exil à Constantinople, où il l'entesta tellement de cette Genealogie qu'il luy avoit faite à plaisir, qu'il fit de luy ce qu'il voulut, & troubla toute l'Eglise, comme il avoit fait dix ans auparavant.

Il y a bien dans le monde de ces Genealogies flattées, & c'est de là que sont venuës tant de fables dans les histoires des familles particulieres. On a fait venir de Turnus la maison de Tournon en Vivarets. Celles de Coucy, & de Cossé, de Coccius Nerva. Celle de Levi de la Tribu de Levi. Et Barnabé Moreno de Vargas, fait descendre la plus-part des familles d'Espagne d'apresent des anciennes familles Romaines. Les deux Siecles precedens ont esté fort infectez de ces sortes de fictions, que le bon sens de celuy-cy a entierement rejettées.

Les Provinciaux manuscripts sont les livres que les Rois-d'Armes, Herauts, & poursuivans ont composez. Ce sont des recüeils d'Armoiries divisés par Provinces, parce qu'estant obligé de connoistre les familles, & de les distinguer par ces marques ils en faisoient de grands recüeils pour les Tournois, & autres ceremonies.

Les plus communs de ces recüeils manuscripts sont ceux de Vermandois, le Heraut qui fut fait du temps de Charles VII. l'an 1425. de Gilles le Bouvier Heraut du meime Roy Charles VII. sous le titre de Berry. De Sicile le Heraut dont nous avons *le Blason des cou-*

leurs imprimé. Et de Charrolois Marechal-d'Armes de Brabant, qui dit l'avoir compilé l'an 1530. J'ay déja dit que ces Provinciaux seroient d'une grande utilité pour la connoissance des maisons Nobles des Provinces & de leurs Armoiries, si ces manuscripts estoient plus exacts & plus corrects. Le Curé de Manneval en a publié un au bout de son histoire de Normandie.

Les Medailles & les Monnoyes peuvent nous fournir des secours pour la connoissance des Armoiries, depuis environ trois cens ans, on ne trouvera guere auparavant des Ecussons dans les Monnoyes. Il y a en Allemagne & en Suisse quantité de Medailles de ligue & d'union entre les Princes, Villes, Seigneurs & Communautez, qui ont des Armoiries en leurs revers. Il faut prendre garde aux Medailles de nouvelle fabrique attribuées à des temps éloignez. La France Metallique en a pour nos deux premieres races, qui sont de l'invention de Jacques de Bie, & elles auroient trompé un Autheur celebre, qui écrivoit en faveur de nos Fleur-de-Lys, si je ne l'eusse averty, que ces Medailles n'avoient jamais esté, & qu'elles estoient une invention de ce siecle. Il y en a aussi de supposées dans les recueils de celles des Empereurs, & je m'y estois trompé en la premiere edition de la pratique des Armoiries.

J'ay déja remarqué ailleurs la fausseté d'une Medaille ou Monnoye attribuée à Saint Albert Patriarche de Jerusalem, que l'on a fait graver sous son Image dans sa vie imprimée depuis quelques années. D'un costé de cette Medaille il y a une forme d'Eglise ou d'Hopital, avec un double cercle de Legende, & dans l'Interieur on lit en caracteres Gothiques, *Domus Peregrinorum*.

Le second cercle qui est l'Exterieur, a des lettres si broüillées, que l'on ne peut deviner ce que c'est, & les caracteres y ont si peu de rapport les uns avec les autres, que l'on voit evidemment, que cette piece a esté faite par un Ouvrier qui n'estoit pas accoûtumé à graver de semblables caracteres. L'autre face de cette Monnoye a un Ecusson panché des Armoiries de la maison de l'Hermite d'un Patenostre en chevron, accompagné de trois quintefüeilles. On y a ajoûté un chef des Armoiries de Jerusalem, qui au lieu de la Croix potencée sont un chiffre d'un H, & d'un I, joints ensemble & cantonnez de quatre croisettes. Sur la pointe haute de l'Ecu panchant est assise une Mitre marquée du mesme chiffre, & derriere l'Ecu sont passées en sautoir deux Croix l'une simple, & l'autre à triple traverse. La legende est celle-cy, *Albertus Patri. Hieroso.* & entre la Mitre & l'Ecu la datte A. MCCCI qui paroît manifestement fausse par l'Eloge qui est au bas de la figure du Saint en ces termes.

Albertus Petri Eremitæ qui Vrbano II. Pont. belli sacri author extitit pronepos, Episcopus Bethleemitic*us & Ascalonitanus unus ex XV. viris qui Balduinum Flandriæ Comitem suis suffragiis Imperatorem Constantinopol. constituerunt. Apostolicus in Syria Legatus demùm* Patriarch*a Hierosol. Carmelitis vitæ Regulam ex S.* Basil*y scriptis concinavit obiitque an.* 1227. Comment estoit-il Patriarche de Jerusalem en 1301. s'il estoit mort 1227?

On ne sçauroit apporter trop de soin à examiner la verité de ces Monumens, parce que l'on peut y eſtre trompé. Il me ſouvient ſur ce ſujet, qu'eſtant à Anvers, & m'entretenant avec l'Abbé de Saint Michel de l'ordre de Prémonſtré de l'origine des Armoiries Eccleſiaſtiques, un Chanoine Regulier de cette Abbaye me ſoûtint que l'uſage de la double Croix des Archeveſques eſtoit ſi ancien, que l'on avoit trouvé le corps de Saint Norbert enſevely avec une Croix de cette ſorte, & pour preuve de ce qu'il avançoit il me produiſit un livre intitulé *Echo S. Norberti triumphantis, ſive commentarius eorum, quæ ab Antuerpiana S. Michaelis* Præmonſtratenſium *Canonicorum Eccleſia tàm pro Impetrandis, S. Noberti nonnullis ſacris reliquiis, quàm pro iiſdem debito honore communi civitatis lætitia excipiendis peracta ſunt. Auctore* R. P. F. *Ioanne Chryſoſtomo Vander Sterre ejuſdem Eccleſiæ Canonico & Priore.* Il me fit lire dans ce livre en la page 81. la Relation de l'Invention du corps de ce Saint, & ces paroles expreſſes. *Aderat è ligno Pedum bipartitum: Archiepiſcopale, quod vocat* P*allium ſcapulas & pectus* *amplectebatur.* Je luy dis d'abord que cela ne pouvoit s'entendre que de sa Crosse qu'on avoit trouvée de deux pieces, parce qu'estant plus longue que le corps du Saint, il avoit fallu la demonter pour la faire entrer dans ce cercüeil, & luy ayant demãdé à voir ce livre plus à loisir, j'y trouvay expressément en la page 108. des lettres circulaires de cette invention, la confirmation de ce que je luy avois dit en ces paroles. *Vestis punicei ut apparet coloris serica, flosculis aureis intertexta, totum ipsum ab humeris ad pectus obtegebat, gemina superne & inferne acu gemmata pulchri operis extremas oras confibulante. Ligneum juxtà pedum duas in partes divisum.* Voilà la Crosse en deux pieces, que ce bon Religieux avoit prise pour une Croix à double traverse.

Monsieur Chifflet a crû de mesme, que les anciennes Armoiries de France avoient esté des Abeilles, à cause qu'on en trouva dans le Tombeau de Childeric à Tournay. Mais on y trouva en mesme temps des Amphisbenes ou Serpens à deux testes, & d'autres figures, qui estant de simples ornemens de ses habits Royaux, ne prouvent rien non plus que les ornemens qu'on a aujourd'huy sur les Baudriers, sur les Armes, & sur les habits, qui ne sont pas pour cela des Armoiries.

On peut tirer des velins antiques les mesmes secours que des vitres des Egli-ses, & des anciens Palais, parce qu'ils ont les figures enluminées, & les Armoiries avec tous leurs Emaux. Il y en a de trois sortes, des livres de Tournois, qui sont les plus curieux & les plus rares, comme celuy de la Gruthuse est en la Bibliotheque Royale avec les Armoiries de tous les Chevaliers qui s'y trouverent. Des livres de Chœur, où sont les Armoiries des anciens Abbez, Prieurs, Evesques, & autres Prelats, avec celles des Abbayes, Chapitres, & Dignitez Ecclesiastiques. Les derniers sont indifferemment toutes sortes de Manuscripts, qui ont d'ordinaire les Armoiries de ceux à qui ils appartenoient, & pour qui ils avoient esté faits, avec une partie de leurs Alliances. Ces Armoiries sont d'ordinaire aux bordures enluminées des premieres fueilles de tout l'ouvrage, & au commence-ment

ment de chaque traité particulier.

On peut tirer de grandes connoiſſances de ces livres en fait d'Armoiries. Par exemple en un livre manuſcript, *De Boccace des cas des nobles hommes & femmes*, qui eſt en la Bibliotheque de feu Monſieur le Chancellier Seguier, ſont les Armoiries de Beraud le Jeune, Comte Dauphin d'Auvergne de Clermont, & de Sancerre, dont Loüis de Bourbon I. du nom Comte de Montpenſier, épouſa la fille unique. Ces Armoiries ſont écartelées au 1. & 4. d'or au Dauphin d'azur, qui eſt du Dauphiné d'Auvergne au 2. & 3. de Champagne pour Sancerre. Supports deux Levriers d'azur aſſis accollez de gueulles chargez ſur l'épaule d'un Ray de Soleil d'or. Cimier un Dauphin d'azur entre un vol d'or. Les Lambrequins d'azur & d'or.

Il y a au bout du livre, ce livre eſt de Loüis de Bourbon, Comte de Montpenſier. Dauphin d'Auvergne, & Comte de Clermont.

Dans un autre manuſcript de la meſme Bibliotheque, qui eſt le traité de Boece, *De Conſolatione*, avec un Commentaire aux marges. Sont les Armoiries de Loüis de France Duc d'Anjou & de Touraine, Roy de Jerusalem & de Sicile, &c. Elles sont parties au 1. de Jerusalem. Le 2. reparti de Naples, de semé de France au Lambel de gueulles, & d'Anjou moderne de semé de France à la bordure de gueulles, les supports sont deux Aigles blancs avec des aisles grises couronnez d'or. Ce Prince estoit frere puisné du Roy Charles. V.

Les histoires generales & particulieres peuvent aussi fournir quantité de choses pour cette mesme connoissance, particulierement Froissart, Monstrelet, & Olivier de la Marche, qui ont beaucoup de choses sur le sujet des Armoiries.

A l'égard de l'histoire de Froissart, on peut dire qu'elle est pleine de fautes. La plus-part des noms y sont alterez, parce que Denis *Sauvage* qui l'a donnée sur divers manuscripts, ne les a pas examinez assez exactement.

Il y a quantité de fautes dans les Armories, comme en la page 221. du 1. vol. ch. 211. il blasonne la Banniere du Sire de Campremy d'argent à une *bencle* de gueulles. C'est une bande à six

Merlettes noires, trois deſſus & trois deſſous. En d'autres il met *foſſes* pour faſces, deux foſſes noires pour deux faſces de ſable &c. Il y en a quelques-unes qui ſont tellement deſigurées que l'on n'y conçoit rien.

Il y a au College de Luxembourg aux Pays-Bas un manuſcript en Rimes Allemandes, dont les premieres fueilles manquent, ce qui empeſche de ſçavoir qui en eſt l'Autheur. Neantmoins par le premier livre on apprend que celuy qui l'a compoſé, l'avoit premierement compoſé en Italien, & depuis traduit en vers Allemans 28. ans aprés la perte du Saint Sepulchre, qui eſt l'an 1215. ce livre contient divers preceptes Moraux, propres de toute ſorte d'Eſtat, de Condition, & de Sexe. Au huitiéme livre il exhorte les Princes Chreſtiens à entreprendre la guerre pour le recouvrement de la Terre Sainte. Il y invite particulierement Frideric II. Empereur, luy faiſant eſperer que cette entrepriſe luy reüſſira mieux qu'à ſon Pere & à ſon Couſin. Il dit en ce meſme livre, qu'il fut preſent à Rome au Couronnement de l'Empereur Othon IV. & qu'il eſtoit de ſa maiſon.

Il condamne les Armoiries de cét Empereur d'Arrogance, de ce qu'il portoit en mesme temps un demy Aigle & trois Lions. Parce que dit-il les Armoiries estant comme les images des desseins & des inclinatiõs de ceux qui les portent, il ne faut pas faire paroître de plus grands desseins & de plus grandes entreprises que l'on n'en peut executer: que c'est assez d'un Lion pour representer la valeur sans en prendre trois, & que d'ailleurs l'Aigle estant le symbole de la gloire, ce n'est pas beaucoup l'aimer, que de n'en porter qu'un demy. Il fait en suite d'autres reflexions semblables, qui quelque impertinentes qu'elles soient ne laissent pas de faire connoître qu'Othon IV. portoit parti d'un demy Aigle de l'Empire, & des trois Lions de Suaube, & que les Armoiries estoient si peu établies, qu'on les consideroit encore comme des Devises Personnelles, plûtôt que comme des marques hereditaires.

L'histoire de Portugal commencée par Britos, & poursuivie par Antoine Brandao, contient les Armoiries de toutes les Familles principales de Portugal, blasõnées d'une maniere assez reguliere.

Enfin on peut tirer de grands ſecours des Sceaux, plus que de tous les autres Monumens, parce qu'ils ſont attachez à des Actes authentiques. Mais ils ne ſont pas toûjours ſeurs, parce que nous apprenons par divers titres, que ceux qui n'avoient pas leurs Sceaux pour ſeller leurs Actes, ſe ſervoient de ceux de leurs Amis. Neantmoins univerſellement ce ſont les Monumens les plus exacts, & on en peut tirer de fort belles connoiſſances. Auſſi Monſieur du Cheſne, Monſieur Guichenon, Monſieur Juſtel, & Monſieur du Bouchet s'en ſont ſervis pour les preuves des hiſtoires Genealogiques qu'ils ont publiées.

On peut apprendre des Sceaux les noms particuliers de ceux à qui ils eſtoient, parce que d'ordinaire ces noms ſont en legende tout au tour. On y voit encore la diſpoſition des Ecuſſons panchez, liez, attachez, ſoûtenus, & mis de pluſieurs manieres differentes. La maniere des Cimiers, Supports, Lambrequins, Bourlets, Couronnes, & autres pareils ornemens.

J'en ay choiſi quelques uns, que je donne icy, tirez de la Chambre des Comptes de Paris.

Le premier est de *Guillaume de Rossiec* de 1337. attaché à une Quittance d'une partie de ses gages, dont la teneur est celle-cy.

Sçachent tous que je Guillaume Sire de Rossiec, *confesse avoir receu de noble homme Mons.* Ithier Seigneur de Maignac Chevalier du Roy nostre Sire, & son Senechal de Xaintonge, *par la main Mons.* P. Jordain *son Chappelain, en prest sur les gages dess. & à dess. de moy, & des gens estant en ma compagnie sous le gouvernement du Sire* d'Archiac, *& dudit Senechal deputez à la garde du Pays & frontiere de ladite Senech.* 20. livres à Pons 28. Juillet 1337.

Le second est de Renaud d'Amanieu Sire d'Albret, où il y a trois choses à remarquer, l'Ecu pur de gueulles, qui est diapré selon la maniere antique, l'Arbre auquel l'Ecusson est attaché, & les doubles supports, qui me semblent avoir esté pour les Aigles les Cimiers des Casques, dans lesquels les Lions croupis ont la teste. Il est attaché à une Quittance dont voicy toute la teneur.

Sçachent tuit que nous Arnau

Amanieu Chevalier Seigneur de Lebret. *Reconnoissons & confessons avoir eu receu de sage homme* Estienne de Montmejan *Tresorier des guerres du Roy nostre Sire, & de Monsieur le Duc d'Anjou son frere, & Lieutenant esdites parties la somme de cinq cent francs d'or, lesquelx il nos a baillez & delivrez pour la pencion de ce present mois, laquelle nous a esté accordée & ordonnée à prendre & avoir par chacun mois pour cause de la garde tuition, & defense de la Terre du Comté de l'Iste laquelle il tient en Agenois. Si comme és lettres dudit Mons. le Duc sur ce faites est plus à plain contenu. De laquelle somme nous nous tenons pour bien payez & content, & en quitons le Roy nostre Sire, ledit Mons le Duc, ledit Estienne & tous autres à qui quittance en peut ou doit appartenir. Donné à Tholose sous nostre propre seel le 8. jour de Ianvier l'an de grace 1369.*

Le troisiéme est de Robert Bertrand Mareschal de France. Il est en cire rouge, attaché à un Mandement fait au Tresorier de la Guerre.

Robert Bertrand Chevalier Seigneur

de Briquebec, Mareſchal de France, & Lieutenant du Roy de France noſtre Sire en cette preſente guerre de Gaſcogne, au Treſorier de la guerre & à ſon Lieutenant. *Nous vous mandons & commandons de par le Roy & de par nous, que vous comptiez & faites compter dore en avant à haus homes nobles & puiſſans Noſſeigneurs* le Comte de Foys & le Comte d'Ermingnac, *& à tous autres hommes d'armes recheus à gages dudit noſtre S. le Roy, de leurs gages deſervis en cette preſente guerre en la fourme & en la maniere que haut home noble & puiſſant Monſ.* Alfons d'Eſpaingne *jadis Lieutenant dudit noſtre Sire le Roy en ladite guerre leur faiſoit compter, & ainſi comme vous trouverez es comptes d'icels temps.* Donné à *Agens le 1. jour de Iuin l'an de grace 1327.*

Le 4. eſt de *Hugues de Chalon* en cire rouge, pendant d'un accord fait entre luy & Dame Jeanne de ſaint Verain.

A Tous. Hugues de Chalon Sire d'Arlay *ſalut Comme diſcort fut mes ou en eſperance de mouvoir entre nous*

Rossiec
Allret
Bertran
Chalon
Jully
Giverme

nous d'une part, & noble dame madame Jeanne de saint Verain, *dame dou Boichat & de Perefrete au bois. Veve & estant de son droit & au nom de* Geufroy d'où Boichat *son fils pupille & moindre d'Aige pour cause des terres de Fley & de Vignes, que nous pretendons nous appartenir, &c. sçavoir faisons que moyennant noble homme Mons.* Jehan de Cruz Chevalier, *pour bien de paix avoir traité & accordé nous & ladite Dame. Seellé de nostre grand seel le 29. Avril 1378.*

Le cinquiéme & sixiéme sont de deux grands Prieurs de France *Robert de Iully*, & *Nicole de Giresme*, tous deux en cire verte, & pendans à des actes de foy & homage. La teneur du premier est celle-cy.

Sçachent tuit que nous Frere Robert de Iully humble Prieur de l'Hospital en France, avons aujourd'huy receu en nostre foy & homage Robert de Florigny Escuyer de deux certains Fiefs mouvans de nous à cause de nostre maison de Launoy, lez Sens dont l'un li vient de succession & partage de Pere & de Mere, & l'autre d'achat, &c.

Seellé de nostre Seel. Donné à Paris li 28. Mars 1368.

La teneur du second est celle-cy.

A tous frere Nicole de Giresme *de la sainte maison de l'Hospital Saint Iean de Ierusalem, humble Prieur en France, salut en Nostre Seigneur, sçavoir faisons, que aujourd'huy 29. Aoust 1464. noble homme Messire Philippe Seigneur de Florigny & de Pommereul Chevalier, entra en nostre foy & homage de la Terre & Seigneurie dudit Florigny mouvant de nous, à cause de nostre maison & Baillie de Launoy, de Sens, &c. Donné à Provins sous le Seel de nos Armes, l'an & jour dessus dits.*

Le septiéme est de George de Clere, attaché à une quittance en cire rouge, dont l'original aussi bien que des suivans est à la Chambre des Comtes de Paris, & ont esté communiquez par Monsieur d'Herouval. *Nous George* Sire de Clere Chevalier, *confessons avoir eu & receu de* Estienne Braque, *Tresorier des Guerres du Roy nostre Sire, la somme de huit vins cinq livres tournois en huit vins cinq francs vingt sols tournois piece, en prest sur les gaiges*

Cleve
Des Pres
Chastelus
Hangest
B R

de nous Banneret, deux Chevaliers Bacheliers, & XIV. Escuyers de nostre Compagnie desservis & à desservir en ces presentes guerres, sous le gouvernement de Mons. le Comte d'Eu, de laquelle somme nous nous tenons à bien contens & payez. Donné à Roüen sous nostre Seel le VI. jour d'Aoust l'an 1369.

Le huitiéme est de Remond Arnaud des Prez Montpesat, *Sçachent tous que je* Raymon Arnaud des Prez, *Sire & Capitaine de Montpesat, ay receu de* Jacques l'Empereur, *en prest sur les gages de moy & des Gendarmes, & de Pié de ma Compagnie desservis & à desservir en la garde dudit lieu, sous le gouvernement Mons. Iean Comte d'Armagnac Lieutenant dudit S es parties de Languedoc 30. livres 5. Fevr. 1353.* Il est en cire verte.

Le 9. est attaché à une procuration de Claude de Beauvoir Seigneur de Chasteluz du 20. Decembre 1440.

Le 10. est de Charles de Hangest, attaché à des lettres de retenüe de Sergent du 25. de Mars 1389.

Le 11. est d'Arnaut de Gaignieres Escuyer, du 12. Juillet 1337. Il eſt pendant d'une quittãce donnée à Renaut Croullebois Receveur du Roy en Xaintonge & Poitou, pour ſes gages de la garde du Chaſteau de Paracol.

Le 12. eſt d'Alleys de Maniel, veuve de Jean le Pelle, attaché à une quittance du 24. Novembre 1493. Il eſt en cire verte, & l'Ecuſſon en Lozange.

Il ſeroit à ſouhaiter que l'on entreprit de recüeillir ſur des Monumens de cette ſorte toutes les Armoiries des Souverains, des Princes, des grands Seigneurs, & des Officiers de la Couronne. Nous aurions des recüeils fideles, curieux & ſçavans, au lieu que nous n'avons que les caprices du Feron, de Fauyn, & de quelques autres ſur ces ſortes de choſes. On verroit les divers uſages du Blaſon ſelon divers temps, & on en tireroit de grands ſecours pour l'intelligence des hiſtoires particulieres. On a donné au public les Monumens de Varvic de cette ſorte, & les Sçeaux des Comtes de Flandres. Du Tillet nous a donné ceux de nos Rois. Guichenon les Sçeaux & les Monnoyes des Ducs de Savoye en ſon hiſtoire Genealogique de la maiſon Royale de Savoye.

Il ſeroit à ſouhaiter, que ceux qui nous ont donné des recüeils de titres y euſſent ajoûté les Sceaux. Nous en tirerions des connoiſſances avantageuſes pour la pratique du Blaſon.

CHAPITRE VII.

Des Origines fabuleuſes des Armoiries, & diverſes inventions à l'occaſion des Armoiries.

CINQ choſes ont contribué à une infinité de fables que l'on a introduites dans l'interpretation des Armoiries. L'exemple des Grecs & des Latins, qui ont fait des Fictions, & des Narrations Epiques, des plus celebres actions Militaires; Les Tournois, & les occaſions des Tournois: Les noms des familles, & leurs rapports aux noms anciens: Les rapports des figures du Blaſon, les unes avec les autres, & avec diverſes hiſtoires: Et l'ignorance des anciens Herauts-d'Armes.

Quant au premier on a toûjours pris

plaisir de representer les actions militaires avec certains ornemens, qui ont esté plus ou moins ingenieux selon la politesse ou l'ignorance des siecles ausquels on les a decrites. Les Egyptiens & les Grecs, qui firent des Dieux de leurs Heros, furent les premiers Autheurs de ces fables. On leur forgeoit des Armes dans les antres des Cyclopes, on gravoit sur leurs Boucliers les Evenemens de leur vie, ces Boucliers leur venoient du Ciel, & avec ces Armes fatales ils ne faisoient que des prodiges. C'est sur ces grands Exemples que l'on a fait descendre nos Fleur-de-Lys du Ciel, la Banniere de Dannemarck, la Croix de Tolose; Les Hermines de Bretagne. Oihenart met parmy ces fictions les pretenduës Armoiries de l'ancien Royaume de Sobrarbre, qui est maintenant l'Arragon, & refute tout ce que les Espagnols en ont écrit, pour rendre leur histoire plus celebre. Les Romains avoient leurs Boucliers Sacrez parmy leurs Fables mysterieuses, & les Espagnols sur ces vieux modeles, ont composé des *Romances*, qui sont des Relations Poetiques de divers Combats, &

de divers Evenemens militaires, meslez de quantité de Fables. L'histoire des Guerres de Grenade est de cette nature, & c'est de ces sortes d'inventions qu'ils ont tiré l'origine de la plus-part de leurs Armoiries.

Les Armoiries d'Arragon, qui sont les anciennes de Barcelonne, ont une fiction de cette sorte. Ils disent que l'an 873. Charles le Chauve faisant la guerre contre les Normans, Geoffroy le Vellu Comte de Barcelonne, qui avoit servy en cette guerre, se presenta tout sanglant aprés le combat à Charles le Chauve, qui pour recompenser sa valeur trempa quatre de ses doigts dans son sang, & en fit quatre longues lignes sur son Bouclier qui estoit doré. Rodrigo Mendez Silva, en la description qu'il a faite de la principauté de Catalogne, dit que Charles le Chauve trouva ce Comte blessé mortellement, quand il luy donna ces Armoiries. *Tiene por armas*, dit-il parlant de la Catalogne, *sobre dorado Escudo quatro sangrientas barras, originadas anno ochocientos y setenta tres, Reinando en Francia, segun mas cierta opinion, Carlos Calvo, que trayendo guerras contrà los Normandos, fue ayudado de Viffredo, o Iofre, Conde de Barcelona, dicho Belloso, a quien estando mortalmente herido llegò el Rey, y bañando quatro dedos en su sangre los tendio de alto à baxo por el dorado Escudo, que tenia el Esforcado VViffredo, diziendo.* Estas Conde seran Vuestras Armas.

Quelle caresse pour un homme blessé à mort, de tremper sa main dans son sang, pour luy faire des Armoiries? Quelle apparence aussi d'ailleurs qu'il ait demandé une marque de cette sorte au retour d'un combat, en un temps où l'on ne sçavoit ce que c'estoit que les Armoiries qui n'estoient pas encore en usage? Et dequoy s'avisa Charles le Chauve, de donner un Blason à ce Comte, luy mesme n'en ayant point. Les Armoiries de Catalogne, sont des Armoiries parlantes, & ce sont de longues barres, comme les nomment les Espagnols *Barras longas*, ce qui est équivoque au nom de *Barcelone*, nous nommons en nostre langue des *Barlongs*, les figures plates, & longues en quarré, comme sont les paux d'Arragon. Les

Espagnols nomment la couleur rouge *Color sangriento*, couleur de sang, d'où vient que sur ce terme de *listas sangrientas*, qui sont les Armoiries d'Arragon, & les anciennes de Barcelonne, ils ont fait cette fable de Charles le Chauve, & de Geoffroy le Vellu.

C'est sur cét exemple que l'on a fait une pareille fable pour les Carafes de Naples, & le P. Petrasancta l'a fait graver en teste de son traité *De Symbolis heroicis*, dedié au Cardinal Caraffe. Il dit qu'un Empereur qu'il ne nomme point, ayant vû un Caraccioli dont la maison des Carafes est sortie tout couvert de sang, il passa trois doits sur sa cuirasse en luy disant *Cara fé me la vostra*, & que ces trois doitgs ayant levé le sang laisserent trois fasces blanches, qui sont maintenant l'Armoirie des Carafes, comme leur nom vient de ce *Cara fé*.

Les Armoiries de Savoye qui sont de gueulles à la Croix d'Argent, ont aussi donné occasion à une fable du siege de Rhodes, que l'on a dit qu'Amedée le Grand avoit fait lever avec ses Troupes, & qu'aprés une action si glorieuse, les

Chevaliers de Rhodes le prierent de prendre leurs Armoiries. Guichenon a refuté cette fable en son histoire Genealogique de la maison Royale de Savoye, mais il n'a pas donné l'occasion de cette Armoirie, qui est celle du Piedmont, & de la Republique de Florence, aussi bien que de la Savoye. C'est la Devise de Saint Jean Baptiste, comme la Croix de gueulles sur argent, est celle de Saint George. Et tout ainsi que la Republique de Genes, la ville de Londres en Angleterre, celle de Barcellonne en Catalogne, & celle de Messine en Sicile, sont sous la protection de Saint George, toute la Lombardie a esté sous celle de Saint Jean Baptiste. L'Autheur de l'histoire de l'Arrianisme a remarqué aprés Paul Diacre, que Theodelinde Reine des Lombards, ayant fait bâtir à Modoëce, qui est aujourd'huy Monza à douze milles de Milan, un Magnifique Temple en l'honneur de Saint Jean Baptiste, pour se mettre sous sa protection avec le Roy son Mary, qui avoit esté Duc de Turin, ses Enfans & toute la Nation des Lombards: Elle y alla faire ses offrandes tres-magnifiques, avec la donation des grands revenus qu'elle laissoit à cette Eglise en presence de tous les grands du Royaume qu'elle engagea si bien par son exemple à prendre ce grand Saint pour leur Protecteur, qu'ils firent vœu par un acte Authentique, de luy envoyer tous les ans au jour de sa Feste leur offrande pour le reconnoistre en cette qualité, & pour y demander son assistance, & son intercession auprés de JESUS-CHRIST, qu'ils confessoient estre leur Seigneur & leur Dieu, & depuis ce temps là les Lombards dans toutes leurs actions & leurs entreprises, invoquerent toûjours Saint Jean Baptiste. *Hist. de l'Arrianisme livre 12 Année 616.*

Obert de Passano Genois, pour avoir apporté de Smyrne à Genes les cendres de Saint Jean Baptiste, prit en chef de ses Armoiries cette Croix, & en cimier l'Agneau de Saint Jean Baptiste avec sa Banderole.

Les anciennes Armoiries de Savoye estoient l'Aigle, parce que la Savoye estoit un Fief Imperial, mais depuis que les Comtes de Savoye furent maistres du Piedmont, ils prirent la Croix de

Saint Jean Baptiste, qui est la Devise du Piedmont, & deslors elle devint l'Armoirie de Savoye, & parce que le premier des enfans de ce Souverain pred la qualité de Prince de Piedmont, & brise ses Armoiries, d'un lambel d'Azur, qui est l'Echarpe bleüe de Savoye, le Piedmont fait la mesme chose. Cette conformité d'Armoiries de la Croix blanche sur gueulles avec celles des Chevaliers de Saint Jean de Jerusalem, qui la portent pour la mesme raison, a donné lieu à la fable de Rhodes, parce que cette Croix se nommoit la Croix de Rhodes, comme celle de leur manteau se nomme Croix de Malte, depuis que ces Chevaliers sont establis dans l'Isle de Malte.

Les Armoiries de Lorraine ont aussi donné occasion à une origine fabuleuse, qu'il faut détruire. Elles sont d'or à la bande de gueulles chargée de trois Alerions d'argent. Et on dit que Godefroy de Boüillon estant à la conqueste de la Terre-Sainte, & quelqu'un ayant apperceu sur une des Tours de Jerusalem trois Oiseaux, luy dit qu'il prendroit cette ville là, comme il enfileroit d'un seul trait ces trois Oiseaux, ce qu'il croyoit impossible, & qu'à l'heure mesme Godefroy de Boüillon prenant un Arc & une fleche les enfila tout d'un coup. Nul des Historiens de ce temps-là n'a raconté cét Evenement, qui n'auroit pas esté à negliger, s'il avoit esté veritable. Il est de l'invention de quelques Romanciers des derniers siecles. Tout le mystere de cette Armoirie est qu'Alerion est l'Anagramme de *Lorraine*, & on a pris cette Armoirie en un temps où les Rebus, & les Devises equivoques estoient du plus bel usage par le mauvais goust de quelques siecles ignorans.

J'ay déja refuté ailleurs les fables de Caramuel pour les Armoiries de Castille & de Leon. Celles de la plus-part des familles Espagnoles sont de pareille origine. Si on en croit la plus-part de leurs Historiens Modernes, ce ne sont qu'apparitions de Saint Jacques, & de Croix en l'air, qui ont remply leurs Armoiries de Coquilles & de Croix, cependant j'ay déja fait voir ailleurs, que leurs Croix de Calatrava, & d'Alcantara, sont celle des Armoiries de l'Abbaye de Morimond de l'ordre de Cisteaux, dont ces Chevaleries ont esté dependantes. Pour les Echiquiers, les Loups, & les Tourteaux qui sont si frequens en leurs Armoiries, & dont on a fait tant de fables, ce ne sont que des Armoiries equivoques aux noms de *Lopez*, d'*Alvare*, & de *Ruiz*, qui sont des noms propres tres-communs en Espagne, & comme c'est leur coûtume de se nommer par leurs noms propres, plûtôt que par leurs sur-noms. D. Lopes, D. Ruiz, D. Alvare, &c. Ils ont pris selon ces noms des Loups, parce que *Lopez* est *Lupus* en Latin. *Alvare* a du rapport à *Alveus*, qui est l'Echiquier, & *Ruiz* à *Roëles*, qui est le nom qu'ils donnent aux Tourteaux. De mesme des *Osorios* sont venües les fasces ondées ou rivieres *Rios*. Barnabé Vargas ne laisse pas de faire des fables sur tout cela, & si on le croit les Tourteaux & les Bezãs des Castros, des Avilas, des Valdes, des Lemos, des Sarmientos, des Altamiranos, des Cuevas, des Lodenas, des Angulos, &c. Sont des restes des Chevaliers de la Table ronde. *Los Roëles que muchos traen por armas, en sus Escudos tuveron origen de la orden y Cavalleria de la Tabla redonda, que instituyò el Rey Artus de Inglaterra, y la diò al principio à ciento y sesenta Cavalleros, de los quales los principales fueron Genasio el fuerte, Mador de la Porta, y Persides el gentil. Y al primero le diò por armas trezeroëles roxos en campo de oro, al segundo siete Roëles de plata en campo negro y al tercero seys azules en campo de plata. Y destos las tomaron nuestros Españoles.* Disc. 17.

Argote de Molina en donne une origine aussi plaisante, & qui sent la table ronde, quoy qu'elle soit d'autre nature, Il dit sur la fin du chap. 103. du livre 1. de sa Noblesse d'Andalousie, qu'un Roy estant sur le point de donner bataille, convia les Principaux Cavaliers de son Armée, à manger des Tourtes de Pain, en leur disant qu'autant qu'ils en mangeroient, autant devroient-ils tüer de Mores, & qu'il en fit depuis les Armoiries de ceux qui avoient accomply leur promesse, les uns ayant mangé six, dix, douze & treize Tourteaux, & tué autant d'Ennemis. J'appellerois volonriers ces Heros, Heros des Machoires & de l'Espée, comme ils nomment leurs Bannerets *Riches hommes de Marmite & de Banniere*. Ricos hombres de Caldera y de pendon. Gracia Dei dont on raporte tant de couplets sur les Familles & sur les Armes, a esté le Poëte Romancier, qui a donné cours à beaucoup de fables. Comme quand il dit de l'Infant Dom Carlos fils de Ramire Roy d'Arragon, & chef de la maison des Veras.

Vi à don Carlos de Aragon
De alta sangre y nobleza
Y a la su generacion,
En Soria muerto en prision
Con Veros de Fortaleza.

Ce fut par allusion au nom de leur Mere, qui fut aimée du Roy d'Arragon, laquelle se nommoit Veras, & de laquelle il eut ce Charles & un Loüis. Estant l'ancienne coûtume en Espagne de donner aux Enfans naturels le nom de leurs Meres. Ainsi ils eurent le nom de Veras, & des Vairs pour Armoiries.

J'ay fait voir dans l'origine des Armoiries, depuis la page 181. que les Tour-

nois

nois avoient esté l'occasion de la plus-part des fables du Blason. Comme la plus-part des Chevaliers, qui se trouvoient en ces Tournois, & qui les alloient chercher dans les Provinces les plus éloignées affectoient de ne se faire connoistre qu'aprés s'estre signalez par de beaux faits d'armes, ils y alloient deguisez, & prenant des Devises, par lesquelles ils se faisoient connoistre, ils se nommoient les Chevaliers du Cygne, du Vert Lion, de la Bande, des Hermines, &c. Et à leur retour ils prenoient plaisir de faire des Romans de leurs voyages & de leurs avantures, ce qui a fait dire à Pommereux Seigneur du Plessis Brion, au commencement de son traité de l'Artillerie, qui est un manuscript dedié à Jacques de Genoillac, grand Maistre de l'Artillerie. *Que les Historiographes & Poëtes, & par Especial Horace en ses Epistres, tiennent qu'il n'est chose plus agreable aux Rois, Ducs, Comtes, Princes, & Seigneurs terriens, qui le passé estoient appellez Dieux ou Heroës, que de sçavoir faire dire & escrire chose plaisante & agreable à leur goust.* Comme la plus-par de ces Tournois se faisoient aux occasions des Nopces, & de semblables Festes, on ne manquoit jamais d'y inventer des Fables pour les Machines, ce qui a esté l'occasion de tant de Romans, où nous lisons des Evenemens si ridicules des Femmes changées en Serpens, des Fées, & des Chevaliers Errans. Ces Extravagances allerent si avant, que l'on ne donnoit aux Enfans des Gentilshommes, que des noms fabuleux & de Romans, les nommant Clarian, Lancelot, Palamedes, &c. Abus qu'il a fallu corriger depuis par des Ordonnances Sinodales en diverses Provinces du Royaume.

Les noms des Familles ont aussi contribüé à beaucoup de Fables. On a écrit que les *Padillas* d'Espagne avoient esté ainsi nommez, parce qu'un Cavalier de cette maison avoit defendu un Chasteau avec une pale de four, qui se nomme *Padilla* en Espagnol, contre les Mores qui l'assiegeoient. *Por que un Cavallero deste linaje defendiò à los Moros un castillo con una destas palas o padillas que son instrumentos rusticos à manera de palas de horno.* Vargas se moque avec raison de cette origine, & dit aprés Argote de Molina, qu'il n'y faut point chercher d'autre mystere que la conformité de nom, dont il donne une excellente raison, quand il dit que les premieres Armes d'Espagne ayant esté celles de Castille & de Leon, qui estoient Armoiries parlantes, la plus-part de la Noblesse a l'imitation de ses Princes, se fit des Armoiries parlantes, & depuis ce temps-là d'autres maisons nouvelles s'étant faites des Armoiries de leurs Evenemens durant les guerres avec les Mores, où les ayant receües de leurs Princes pour recompense de leurs belles actions, les maisons les plus anciennes voyant que les leurs n'avoient pas des causes aussi honorables, commencerent à faire des Romans, & des fictions pour les rendre aussi considerables que celles de la nouvelle Noblesse. Enfin Zurita en la premiere partie de ses Annales liv. 1. ch. 37. fait voir évidemment la fausseté de ces fables, quand il dit que les Armoiries ne sont entrées en Espagne que par les Arragonnois, qui les avoient receües des François. Ainsi tout ce que les Espagnols disent d'Hercule, de leurs Rois Visigoths, & des anciens Romains en matiere d'Armoiries est absolument fabuleux, & les anciens Monumens qu'ils alleguent des Tombeaux de leurs Ancestres, sont des ouvrages modernes, comme a remarqué cét Autheur.

El primer origen y principio de traër armas nuestros Reyes tengo por cierto se tomò del Rey don Alonso de Aragon que vino à casar en Castilla con la Reina doña Vrraca: por que los Aragoneses avian ya tomado el traër armas de los Franceses: y viendo acà en Castilla como el Rey de Aragon y sus Cavalleros trajan assi insignias notables en sus escudos, y sellos, pareciòles bien tomar la misma costumbre: y assi conforme a lo dicho, despues d'este tiempo de los Aragoneses hallamos la mencion del sello, y algun principio de armas en los Reyes, y en las fundaciones del Conde don Peranzules en Valladolid, y de los Condes Aragoneses don Ponce de la Minerva, y don Ponce de Cabrera, vimos sus armas en el Monasterio de Sandoval, y en el de Nogales, y Zamora en el de Valbuena, en la sepultura de la Condesa doña Este-

fania, que tam bien vino de Aragon por este mismo tiempo. Y digo que nuestros Reyes tomaron tan tarde armas y sus cavalleros tam bien por que las armas que se ven mas antiguas que estan en el Monasterio de Oña en sepolturas del Mayordomo y Camarero del Conde de Castilla don Sancho, como en su lugar se dirà tengo por cierto, que se las pusieron sus descendientes, no aviendolas traido ellos: porque estan pintadas y no esculpidas.

Calderon donne une origine fabuleuse aux Armoiries des Sarmientos, à l'occasion de leur nom. Il dit que le Roy Dom Sanche voyant Garcias Fernandes de Villamayor de bonne disposition dit *buen Sarmiento se cria à qui para los Moros.* Que l'on le nomma depuis *Sarmiento.* Et qu'il ajoûta à ses Armoiries qui estoient de gueulles à treize Bezans d'or quatre brâches de Sarment en orle.

Le nom de la maison de Tournon a fait dire aux Romanciers qu'elle venoit de *Turnus*, & que le Lion qu'elle portoit estoit les anciennes Armoiries de ce Prince tuë par Enée.

Cette rencontre de nom a fait prendre

à quelques maisons des Armoiries fabuleuses. Il y a des *Artus* qui ont pris pour Armoiries trois Couronnes mises en pal, parce que le Roman des Chevaliers de la Table ronde en donne trois de cette sorte au Roy Artus. Un Pierre Tisy Echevin à Lion l'an 1639. prit pour Armoiries de gueulles au Griffon d'Argent soûtenant la Toison d'Or, qui sont les Armoiries que Bara donne à Tiphys l'un des Argonautes, qui accompagnerent Jason.

La ressemblance des Armoiries n'a pas moins fait de fables. Scohier fait descendre la maison de Croy d'un Estienne de Hongrie, parce que les Armoiries de Hõgrie sont fascées d'argent & de gueulles de huit pieces, & Croy porte d'argent à trois fasces de gueulles. Il dit que de cét Estienne naquit Marc de Hongrie, qui épousa Catherine Heritiere d'Araines & de Croy, dont le fils aisné Jean de Hongrie portoit les Armes pleines de Hongrie, & que Guillaume son frere pour brisure les reduisit à trois fasces de gueulles, comme la maison de Croy les a toûjours portées.

La maiſon de Boulainvillier qui porte de meſme d'Argent à trois faſces de gueulles, ſe dit auſſi ſortie de celle de Hongrie, & il y a quelques Epitaphes à Courtenay qui le diſent ainſi. On dit la meſme choſe des Carafes, qui portent de gueulles à tros faſces d'Argent.

Pour peu de reſſemblance qu'il y ait, ou du nom ou des Armoiries, avec les noms ou les Armoiries des Souverains, il ſe trouve aſſez de flatteurs pour perſuader aux Gentilshommes qu'ils ſortent de ces Souverains. Ainſi on a tenu au Royaume de Naples, que la maiſon d'Avella qui portoit de gueulles à la faſce d'Argent, ſortoit de celle d'Auſtriche, & que les *Mormiles* qui ont une bande chargée de trois Aiglettes, ſortoient de la maiſon de Loraine, quoy que ce ne ſoient pas les meſmes Emaux.

Loüis Lopez dans ſes Trophées ou Antiquitez de Saragoze rapporte juſqu'à cent & vingt & une familles qu'il pretend deſcendre des Romaines, parce que leurs noms ont quelque rapport avec ceux de quelques inſcriptions antiques.

Quels noms n'eſtropie-t'on pas pour

faire reüssir ces sortes d'applications. Companile parlant des *Filangeri* de Naples, qui portent d'Argent à la Croix d'Azur, dit qu'un Cavalier François nommé Richard, ayant suivy Godefroy de Boüillon, dont il le fait parent, conduisit quelques Troupes, que l'on nomme en Latin *Phalanges*, dont il fut nommé *Falangiere*, ou conducteur de Phalanges, & par corruption *Filangeri*. Que Godefroy de Boüillon ayant changé la Croix rouge qu'il portoit estant croisé en une Croix d'Or, Filanger changea la sienne en Azur, & qu'ayant fait amitié avec Boemond, Tancrede, & d'autres Seigneurs du Royaume de Naples, il s'y alla établir.

On a fait une fable en rebus des Armoiries de Soissons Moreul, qui sont de semé de France au demy Lion d'Argent. On dit qu'un de cette maison ayant demandé des Fleur-de-Lys pour Armories à un de nos Rois, il luy répondit qu'il vouloit luy en donner à Million, & que pour luy tenir parole, il luy donna un semé de Fleur-de-Lys avec un demy Lion, *my Lion*.

Les Herauts-d'Armes, qui estoient

pour la plus-part fort ignorans, ont introduit une infinité de fables de cette nature, où tous les temps sont confondus. Ils ont mesme forgé des titres pour établir ces fadaises. Ainsi il y a quelques maisons qui pretendent de pouvoir produire des titres de leur Noblesse depuis Jules Cesar, depuis Clovis, & depuis Charlemagne. Nicaise l'Adam Heraut d'Armes de Charles-Quint, sous le titre de Grenade, inventa quantité de fables de cette nature, dont il fut nommé le Songeur, & il est dit dans son Epitaphe. *Qu'entre les Chroniqueurs & Histor ographes, il fabriqua maints dictiers* Voicy son Epitaphe, telle que je l'ay trouvée à Arras à Saint Jean de Ronville sous son Portrait.

Precogitant que l'homme est serf
à pourriture,
En ce Tableau est mis du corps la
Pourtraiture,
Auquel Dieu doint que l'Ame en-
fin au Ciel repose,
Qui Rhetorique aima fut en rime
ou en prose,
Par ses œuvres appert écrites en
son temps

Et qui se porront lire aprés sa mort cent ans.

Entre les fils sortis du premier Pere Adam.

Son nom & son surnom fut Nicaise l'Adam

Combien qu'en sa jeunesse on l'appella songeur

Roy d'Armes fut crée par Charles l'Empereur,

Auquel estat voulant augmenter son Regnom

L'intitula Grenade *en la cité de Nom*

Les Hauts Princes servit en maints divers Reames

Bien exalta les corps desquels Dieu ait les Ames.

Entre autres Chronicqueurs & Historiographes

Fabriqua maints dictiers, & plusieurs Epitaphes,

Peregrinant servit aux deux saints lieux, si comme

Saint Iacques de Galice & plusieurs fois à Rome

Et premier que venist en son anchienneté

Circuist la plus-part de toute

Chrestienté.

Surquoy voyant venir son Regne en decadence

L'Empereur tres illustre, & tout plein de prudence

Ordonna le susdit Roy d'Armes ordinaire

Demourer domestique & son pensionnaire

Par mandement patent seellé & signé

Pour sa vie durant sur Flandres assigné

Et pour vivre de mieux joindant à Dieu les palmes

L'Establist & commist son Prevost de Bapalmes

Et portier du Chasteau audict lieu scitué

Aux gages anchiens par droict institué.

Mais parce qu'en Arras conclud soy transporter

D'Estat dudit Prevost se voulut deporter.

Deux femmes épousa l'une Iehanne Ricquart

Et puis Claire Grarder ici mise à l'Escart.

Trois fils & quatre filles acquist
de la premiere,
Puis aprés seulement ung fils de
la derniere
Si cinquante & six ans Regna
en Mariage
Et à octante deux expira sō Eage.
L'An le mois & le jour icy bas
par écript
Vœüilliez priez pour l'Ame au
benoist Iesus Christ.
L'an mil cinq cents quarante &
sept bien se ramembre
Au vingt huitiéme jour, & vray
mois de Septembre
Le vray Dieu par sa grace veüil-
le à son Ame aydier
Qu'elle puist face à face le voir
a souhaitier
Comme il en a mestier en luy
estant propiche
Afin que il puist estre eternelle-
ment riche.

Ce sont ces gens-là qui nous ont gasté la plus-part des Histoires par leurs sottes inventions, dont ils les ont remplies. Jean le Maire en ses illustrations des Gaules est un des plus impertitiens. Il fait faire des Tournois à Hector, à Paris, aux Grecs, & aux Troyens avec des Blasons, & des Armoiries. Il estoit peu de villes qui n'eussent leurs festes, & rejoüissances aussi ridicules en leurs Ceremonies, que l'occasion en estoit fabuleuse & extravagante. On representoit des Rois, des Reines, des animaux étranges, & des monstres, qu'ils nommoient des *Gargoüilles*. On fait encore tous les ans à Amiens la *Papoire* le jour de l'Ascension, la *Gargoüille* à Roüen. A Dijon la *Merefolie*, à Tarascon & à Avignon la *Tarasque*. A Aix en Provence le *Duc d'Vrbin*, & le *Prince d'Amour*. Toutes ces representations tiennent de la simplicité des siecles passez.

C'est ce qui a introduit des fables jusques dans les histoires des Saints, & dans quelques ceremonies que le Peuple superstitieux observe aux jours de leurs Festes. Mais aujourd'huy la plus-part de ces choses ont esté reformées, & on en a corrigé les abus.

Monsieur du Cange m'a communiqué le Roman d'Abladane, qui est une fable composée par Richard de Fournival, pour la ville d'Amiens, dont voicy l'Exorde.

Or écoutez que li bons clers maistre Richart de Fournival Chancelier de l'Eglise Nostre Dame d'Amiens, & li autre maistre qui à ce temps estoient, qu'il virent & lurent un livre qui fut ars au desrain feu de Nostre Dame d'Amiens, & fut le feu à Nostre Dame d'Amiens en l'an de grace 1208. le vigille saint Fremin le confes aprés Aoust, & ung de leur disciple qui bien entendoit le Latin, que par luy que par ses maistres, qui souvent le lisoient & recordoient ensemble, mist le Latin en Roman sans nulle mensonge à contreviller. Et quant le Matere fut mise en Romant, témoigna le bon Chancelier qu'il avoit veüe le matere & lute en ung livre qui fut ars. Trente ans aprés le purent témoigner li clers d'Amiens.

Il dit en ce Roman que l'ancien nom d'Amiens estoit *Abladane*, & qu'ayant esté ruïnée par un Empereur Romain, elle fut rebâtie & nõmée. *Somme noble* Et ayant esté ruïnée une seconde fois, & aprés rétablie de nouveau elle fut nommée *Amiens*, comme elle est encore à present. Qu'un certain Flocars qui estoit *bon clerc & maistre d'Ingremance.* Il veut dire de Nigromancie, ayant consulté les Dieux sur le destin d'Abladane aprés son retour de Tolede, que le Roman nomme *Toullette*, & ayant appris que le *Roy des Rois venroit en terre, qui naisteroit de Vierge qui tauroit à leurs Dieux toutes leurs forces, & cils qui a donc seroient qui en ce Dieu croroient aroient le couronne glorieuse. Il fit faire une couronne moult belle & plaine de pierres precieuses, & par se maistrise le couronne fut pendüe en air à l'entrée de le cité, & ne sçavoit nuls homes qui soustenoit le couronne, & dit Flocart aux maistres de le cité que celle couronne penderoit en l'air jusques à donc que le droit Sire temporel vindroit à le cité, & ainsi pendit le couronne en l'air par lon temps & estoit appellée le* coronne glorieuse. *Aprés fit faire ung ymage de femme moult belle & moult riche là où il avoit assez or & argent, & estoit l'ymage si propre que ce sembloit une fame toute vive, & fut mis l ymage en unes casses que enclooient l'ymage si com ne le voioit point, & fut posé l'ymage aux murs de le cité sur une des portes de le part où le couronne estoit, & estoit tournée devers le cité, & l'appelloient les gens de le cité le Vierge, & le aouroient moult souvent, & le tenoient en grant chiereté, & avoit escript es casses de l'Image, que quant le Sire de le cité vendroit que l'Image se tourneroit vers luy, & ouvriroit ses casses, & monstreroit sa beauté & ses grans vertus ..... A celle mesme porte de le cité Flocars, avoit fait faire deux* gargoulles *de cuivre, l'une d'une part de le porte, & l'autre d'autre part, qui estoient de telle condition, que se aucuns venist pour entrer dans le cité où sen volsice faire Sire par force, les gargoulles gettoient parmy leurs gueulles ung si horrible venin, & le lansoient si loing, que ceulx estoient si envenimez du venin qu'elles gettoient qu'il les en convenoit morir, & estoit escript desseure le porte, que quant le Sire de le cité viendroit, l'une des gargoulles getteroit or, & l'autre argent.* Il y a en suite bien des impertinences dans le reste de ce Roman.

Il est peu de Villes considerables qui

n'ayent des fables de ce cette sorte. La ville de Paris à cause du vaisseau de ses Armoiries, qui n'est que la representation de l'Isle Nostre-Dame, a eu des Romanciers qui ont voulu dire qu'elle estoit un ouvrage des Argonautes. Lyon que les Latins ont nommé *Lugdunum*, a esté nommée par quelques uns *Lucis dunum* mont luisant, & on a feint que sur une de ses montagnes estoit un grand miroir dans lequel on voyoit tout ce qui se faisoit le long des Alpes, qui separent la Savoye de la France.

A cela il faut ajoûter diverses inventions faites aux receptions des Princes, en leurs nopces, & en d'autres occasions semblables, où l'on a trouvé bien des fables sur le sujet de leurs Armoiries. Pour les Colonnes d'Italie on s'est servy des deux colomnes d'Hercule, de la colomne Trajane, de la colomne de la guerre, de la colomne milliaire. Pour les Ursins on a trouvé diverses fables des Ours, de l'Ourse Celeste, & d'un S. Ursinus. On a parlé d'un Capitaine de ce nom, qui fut enveloppé dans un Drappeau de diverses bandes aprés sa mort, & couvert de Roses, dont on veut que soient venuës leurs Armoiries bandées, & la Rose qu'ils ont en chef.

On a fait en diverses representations, de la fasce d'Austriche la route du Soleil, la voye de Lait, une Riviere, un Diademe, &c.

J'ay vû les Tourteaux des Medicis changez en autant de globes des Planettes, & tout le Vatican est plein d'Histoires, d'Ornemens, de Fables & d'inventions sur les Aigles, les Dragons, les Lions, les Montagnes, les Estoiles, les Arbres, les Abeilles, & les Colõbes, des Armoiries de Jules II. Sixte V. Paul V. Gregoire XV. Urbain VIII. Innocent X. & Alexandre VII. Ces Inventions sont fort du goust & du genie des Italiens, qui sont ingenieux, & qui se plaisent à ces Ornemens. J'ay vû une Peinture du Stella, où le jour & la nuit faisoient agreablement de leurs Rayons blancs & noirs les Armoiries fascées d'argent & de sable des Magalotti. Toutes ces inventions donnent occasion aux fables, qui s'introduisent peu à peu sur le sujet des Armoiries, & si les Siecles precedens avoient esté aussi spirituels que celuy-cy, nous aurions des fables plus spirituelles pour l'origine de la pluspart des Armoiries.

Enfin comme les Armoiries sont exposées aux yeux de tout le monde dans les Edifices publics, sur les Tombeaux, dans les Maisons particulieres, & presque sur toutes les Portes, elles sont exposées en mesme temps à une infinité d'interpretations extravagantes.

Entre les inventions ingenieuses tirées des Armoiries, on peut mettre le Reliquaire du cœur de Saint Charles Borromée, qui est à Rome dans l'Eglise de ce Saint de la nation Milanoise. C'est un Piedestal de Christal de Montagne, porté sur deux Chameaux & deux Licornes de ses Armoiries, & couronné de la Couronne de ses Armoiries, avec le mot *Humilitas,* de ses Armoiries aussi.

Pour le Pape Urbain VIII. on representa à Rome Hieron, Platon, Pindare, & S. Ambroise nourris par des Abeilles, pour representer la douceur du Gouvernement, de l'Eloquence, de la Poësie, & de la Pieté de ce Pape.

Pour Innocent X. on representa Semiramis nourrie par des Colombes; & la Colombe de l'Arche avec diverses applications sur les Lys, à l'occasion des trois Fleur-de-Lys de ses Armoiries.

Le P. Taquet dediant à Clement IX. son traité des Mathematiques, a fait des quatre Lozanges des Armoiries de ce Pape un Fort tetragone avec une devise ingenieuse. Et un de mes Amis presenta cent Devises, & cent Epigrammes Latines à ce mesme Pape sur ces Lozanges.

Le P. Esparza presentant à Alexandre VII. sa Theologie, fit representer en la premiere füeille les chesnes de Dodone que les Payens consultoient pour en recevoir des Oracles, & qui nourrissoient de leurs Glands les premiers Peuples, avec ce Vers qu'il y avoit ajoûté.

Nunc meliùs, pascunt redduntque oracula.

Pour les montagnes sommées d'une Estoile, il en avoit fait le mont Atlas, qui touche le Ciel, & que les anciens ont feint qui le soustenoit avec cét autre bout de Vers.

Sustinet hic cælum.

L'une des plus agreables inventions

que l'on ait fait sur ce sujet, est celle des Réjoüissances que l'on fit à Rome pour l'Assomption au Pontificat de Jules III. qui se nommoit auparavant Jean Marie de Monte, & qui portoit pour Armoiries une bande chargée de Montagnes, & accompagnée de deux Couronnes de Laurier.

On fit diverses Festes de Tournois, de courses de Taureaux, & de jeu de Cannes à la Moresque, & on representa au Capitole une Comedie, dont le Prologue predisoit la felicité publique sous le Pontificat de Jules III. sous l'Allegorie d'une Montagne, qui s'étoit élevée au dessus des sept collines de Rome, & qui promettoit pour le bien du Peuple une veine d'or & d'argent tres-abondante. *Ce ne sont pas là des Poires*, disoit ce Prologue, *ny des Chastaignes*, *ny des Glands*, *ny des Pois*. Faisant allusion aux Armoiries de quatre Papes precedens: de Sixte V. qui avoit des Poires. D'Urbain VII. qui avoit une Chastaigne en sa Caloffe, de Jules II. qui portoit un Chesne chargé de Glands, & de Clement VII. dont il prenoit les Tourteaux pour des Pois.

Ce Prologue est si plaisant qu'il merite bien d'estre mis icy.

Signori e Dame,

Sono parecchi di, anzi anni, che voi non havete veduta la faccia del monte Tarpeo cosi alegra, e il suo dorso cosi bene adobato, come hora vedete. So che desiderate saper perche, & io son venuto qui à posta per chiarirvene, che come voi poteste conoscer all' abito, io sono uno di quelli, che canto le cose passati e vaticino le future. Havete à sapere adunque, che vedendo la natura che i sette monti ch avea produtti in questo terreno, accio havessero à far frutti che fossero sofficienti à nutrir tutte le provincie del mondo, per esser mal cultivati eran diventati sterili, e volendo pur essa natura, che giusto fosse il luogo onde havesse ad uscir tal nutrimento, fece parecchi anni sono, e pochi crede sene ricordino nascer in questo terreno Romano un monte che apoco è venuto crescendo, e è arrivato à tanta altezza che supera tutti gli altri sette d assai, e sè mostrato sin qui si fruttuoso, e fecondo à questo Populo, che il Tar-

pio, e gli altri hanno havuto ragione di rallegrarsi del surgimento d'un tanto fratello che hora è di loro diventato signore. Se me diceste donde è surto questo monte, di quanti frutti è così fertile. Vi dico che quanto à i frutti, da un lato di questo monte è nata una vena o miniera che vog'ion dir d'oro d'all' altro una d'argento. Il fait allusion aux Emaux de ses Armoiries, *che à quel che si vede sin qui migliora à questo populo piu de cento milia ducati l'anno.* Queste non son Pere, queste non son Castagne, queste non son Ghiandi, queste non son Fave. *Son Ducati in tontanti e Giulij.* Ce sont les Monnoyes de Rome d'or & d'argent. *E ve dico che questa Vena crescera tanto che migliorara più in grosso assai. Se volete saper dove questo monte sta, andate nel Vaticano ch'el saperete. S'alzara tanto questo monte, e fara tal ombra che non solo questa città e tutta Europa, mà tutto il resto del mondo potra quietamente riposarsi sotto l'ombra sua.*

L'an 1571. Marc Antoine Colomne

General des troupes du Pape, en la bataille de Lepante aprés la victoire remportée, entra en triomphe dans Rome au milieu de deux trophées de Turcs enchainez & renversez, & aprés avoir passé sous les trois Arcs de triomphe de Constantin, de Tite, & de Severe que l'on avoit parez & decorez d'inscriptions à son honneur, aprés avoir esté receu au Capitole au son des trõpettes, & avoir passé le Pont Saint Ange, tandis que l'Artillerie du Chasteau tiroit, entra dans S. Pierre où le Patriarche de Jerusalem le receut à la porte, & entonna le *Te Deum* qui fut chanté par la musique, & enfin il alla baiser les pieds du Pape.

Le jour de sainte Lucie il alla rendre graces à Dieu dans l'Eglise *d'Ara Cœli*, qui est bastie prés du Capitole, & trouva sur la porte cette inscription.

Quas olim Gentiles ductores Idolis pro re benè gestâ in Capitolio stultè agebant, eas nunc ad Cœli Aram Christianus victor ascendens, vero Deo, virginique gloriosissimæ Matri pro gloriosâ victoriâ Religiosè & piè agit, habetque gratias.

La

La Messe du S. Esprit y fut solemnellement chantée, & le Prince y fit offrir une Colomne d'argent de douze cens écus, qui portoit le Fils de Dieu soûtenant sa Croix, & tout autour de la Colomne estoient des Esperons de vaisseaux, & sur la Base cette inscription.

CHRISTO VICTORI

MARCUS ANTONIUS ASCANII FILIUS

Pontificiæ Classis Præfectus
Post insignem contrà Turcas Victoriam
Beneficij testandi causa.

A. D. MDLXXI.

Les devises dont les corps sont tirez des armoiries des personnes pour qui on les fait, passent pour les plus singulieres.

CHAPITRE VIII.

Des Armoiries composées.

J'Appelle Armoiries composées celles qui se font de deux Armoiries jointes ensemble en un corps sans distinction de quartiers.

Jean Six V. du nom, d'une ancienne maison du Cambresis, qui portoit d'azur à trois estoilles d'argent, ayant épousé Alix de Cange Dame de Montigny en Cambresis, qui portoit d'azur à trois croissans d'or, prit en chef deux croissans des Armoiries de sa femme & retint seulement en pointe une estoille des siennes. *Carpentier Hist. de Cambray part. 3. de la Maison de Six.*

Charles Auguste de Sales Evesque de Genéve en son Pourpris Historique de la maison de Sales, dit que *comme toute la race de Vallieres finit en celle de Sionnas, Falcon de Vallieres voulut que Guillaume de Sionnas son petit fils & tous ses posteres ioignissent ses Armoiries avec celles de Sionnas, non point par écartelure, ny par party, mais en telle sorte que ce ne fut qu'un seul Escu. Sionnas portoit de sable au lion d'or, armé, lampassé, & couronné d'azur, & Vallieres portoit de sable à bandes d'argent. Et par le melange l'Ecu a esté de sable au lion d'or, armé, lampassé & couronné d'azur, entrepassé de trois bandes d'argent, celle du milieu paroissant toute sur le lion, & le lion sur les autres.* Françoise de Sionnas fut mere de S. François de Sales, qui porta en écartelure ces armoiries de sa mere.

Le mesme Autheur dit dans le mesme ouvrage, que la Maison de *Chivron* & de *Villette* en Savoye ayant esté unies, leurs Armoiries furent aussi jointes en une seule. *Villette* portoit d'azur à trois lions d'or armez & lampassez de gueules, *Chivron*, d'Azur au chevron d'or chargé d'un autre de gueules, Aujourd'huy *Villette-Chivron* porte d'azur au chevron d'or chargé d'un autre de gueules, accompagné de trois lyonceaux d'or, les deux du chef affrontez.

La Maison de *Bertrand* en Velay,

dont il y a eu un Cardinal portoit anciennement d'argent au chevron d'azur. Hugues Bertrand les portoit ainsi l'an mil deux cens cinquante : mais Guillaume Bertrand son fils ayant espousé Demoiselle Agueton de la Brosse, à laquelle François de la Brosse son Pere donna en dot les fiefs qu'il possedoit dans le Pays de Velay, sauf ceux qu'il avoit déja donnez à François de la Brosse son fils. Guillaume Bertrand ajoûta à ses Armoiries trois roses de gueules des armoiries de sa femme, qui portoit d'argent à trois Roses de gueules. Il en accompagna le chevron de ses armoiries. Depuis par concession de nos Roys Jean Bertrand Cardinal Evêque d'Autun chargea le chevron de trois Fleurs-de-Lis d'or, comme on void au College d'Autun qu'il a fondé à Paris ruë S. André des Arcs.

En Dauphiné il s'est fait la mesme chose pour les Armoiries des Maisons de *Charra* & de *Barral* dont l'une portoit burellé d'argent & de gueules de douze pieces, & l'autre d'or à trois barilles d'azur cerclées de six pieces d'argent. Maintenant *Charra* en qui *Barral* est entré, porte burellé d'argent &

de gueules de douze pieces à la bande d'or chargée de trois barilles d'azur cerclées chacune de six pieces d'argent.

En la mesme Province la Maison de Lionne, dont estoit Monsieur de Lionne Secretaire d'Estat, & dont sont encore à present le Marquis de Lionne, Escuyer de la petite Escurie, & Monsieur le Marquis de Claveyson chef de la Maison, porte une Armoirie composée de celles de *Lionne* & de *Coloneau*, de gueules à une Colomne d'argent pour *Colonneau* au chef cousu d'azur, chargé d'un lion leopardé d'or pour *Lionne.*

En Sicile la maison de *Laguna*, qui a pour Armoiries un Lac d'argent & d'azur, ayant fait alliance avec la Maison *Oliveri*, mit au milieu du lac de ses Armoiries un Olivier. *Fà per arme questa famiglia vn lagho pieno di onde d'argento e d'azurro, e per la congiuntione c'hebbe con la famiglia Oliveri s'aggiunse una olivara dentro il lagho. Filadelfo Mugnos l. IV. del Teatro genealogico.*

George Frangipani ayant épousé la fille de Lælius Maddaleni heritiere de sa Maison l'an 1386 composa ses armes de celles de ses ancestres, & du bandé d'or & de gueules de Maddaleni que ses descendans ont retenu.

C'est de la mesme maniere que la maison des Vrsins a mis celle d'Anguillara sous la rose d'or qui est en chef de ses Armoiries.

Gilles d'Arnemuyden Chevalier Seigneur d'Arnemuyden en Zelande, estant mort sans hoirs masculins environ l'an 1450. la petite ville d'Arnemuyden pour conserver la memoire de ses Seigneurs, messa leurs Armoiries aux siennes, & au lieu qu'elle portoit auparavant une tour sur un fond flotté pour representer son Phare sur la mer, elle porte maintenant coupé de gueules & d'or à deux aigles d'or fur le gueules, languées d'azur, & une aigle de sable sur or, qui estoient les anciennes armoiries des Seigneurs d'Arnemuyden, & au milieu du coupé elle a une fasce flotée d'argent du milieu de laquelle s'éleve son Phare.

Les Armoiries de *Berghes* sont composées des armoiries de Brabant, de Berthout, & de Bauthersem. C'est à dire qu'elles sont de synople à trois macles d'argent pour *Bauthersem*, au chef party de *Brabant*, de sable au lion d'or, & de *Berthout* d'or à trois paux de gueules. Jeanne de Bauthersem Dame de Berghes fille de Henry de Bauthersem s'estant mariée à Jean Seigneur de Glymes, fils d'un bastard de Brabant luy porta la terre de Berghes. Ce Prince prit les Armoiries de sa femme auxquelles il ajoûta un quartier des armoiries de Brabant pour marquer son origine. Berthout y avoit esté joint auparavant.

Grimberge portoit des armoiries composées de celles d'Aa, & de celles de Perweys, de gueules à la fasce d'argent pour Perweys, un sautoir brochant sur la fasce pour Aa.

Les Espagnols les composent ou en mantel, ou en écartelure en sautoir, ou en bordure. Ainsi les Henriquez ont composé leurs armoiries de celles de Castille & de Leon chappées. Celles de Sicile sont composées en écartelure en sautoir d'Arragon, & du Royaume des Romains.

Les Marquis de Caracene ont des armoiries composées de celles de *Biedma* & de deux autres maisons.

Les *Frayles* en portent aussi de composées de celle d'*Andrada*, de deux Ecussons de celles de Portugal & des leurs.

Il n'est pas jusqu'aux Princes & aux Souverains qui n'ayent de ces armoiries composées. Les Princes de Vendosme de la maison de Bourbon, qui portoient d'azur à trois fleurs de lys d'or, au baston de gueules brochant en bande, chargerent le baston de Lionceaux d'or des armoiries de Vendosme, comme on void dans la Chappelle de Nevers à saint André des Arcs.

Les Armoiries d'Angleterre sont composées de celles de Guyenne, & de celles de Normandie unies en un corps.

Celles de Portugal ont une bordure de celles de Castille.

L'Abbaye de Cisteaux a aussi composé les siennes de celles des Ducs de Bourgogne anciens sur un semé de Frãce.

Aux Pays-Bas, il est commun de mettre de petits Ecussons d'autres armoiries sur les siennes, comme fait aujourd'huy en France la maison de Harville Palaiseau qui met sur le milieu de la croix de ses armes un Ecusson de celles des Ursins de France, qui est fonduë dans Harville. Monsieur de Luxembourg met aussi un Ecusson de Luxembourg sur le tout de la Croix de Montmorency.

Le

Les Princes de la maison de Suabe qui furent élus Empereurs sont les premiers qui ont composé leurs armoiries de celles de l'Empire & de celles de Suabe, les ayant portées parties d'un demy Aigle, & des Lions de Suabe. Othon IV. les portoit ainsi comme j'apprends de ce manuscript en rithmes Allemandes que j'ay deja allegué. L'autheur les décrit de cette sorte, & témoigne qu'il les a veuës ainsi en la ceremonie du Couronnement de cét Empereur à laquelle il se trouva. Je ne doute point que ce ne soit de là qu'est venu l'usage des Armoiries parties d'un demy-aigle qui sont assez frequentes en Allemagne. Les Princes d'Anhaldt mettent sur le tout de leurs Armoiries un Ecu party d'un demy-aigle, & des Armoiries de Saxe.

Quelques bannieres des terres de Pologne sont de cette maniere comme j'ay remarqué ailleurs.

Il y a aussi quelques villes qui portent de ces demy-aigles comme

Nuremberg qui porte party au 1. d'or à vn demy aigle de sable mouvant de la partition du 2. bandée d'argent & de gueules.

Kaufbevrn party de mesme, au 2.

une bande accõpagnée de deux Estoiles.

Memmingen party de mesme au 2. d'argent à la croix de gueules.

Genéve party de mesme au 2. de gueules à une clef d'or droite en pal.

Ratibar porte party du demy-aigle & d'une demie-rouë.

Oppeln d'un demy-aigle & d'une demie croix treflée.

Il y a plusieurs maisons en Frise, qui partissent leurs ARMOIRIES de ces demy-aigles, & ce sont des ARMOIRIES de cette sorte que les Portugais trouverent dans cette ville du Royaume de Chile, qu'ils nommerent *Imperiola* à cause de ces demy-aigles qui estoient sur les portes des maisons. J'avois dit en la page 211, de l'origine des ARMOIRIES, *que ces* AIGLES *que l'on avoit trouvées sur les portes des maisons d'une ville du Royaume de Chile n'estoient ny armoiries, ny aucun reste des anciens Romains qui ne furent iamais en Amerique, mais de purs ornemens de fantaisie, ou des images des mysteres de ces peuples.* Du depuis j'ay trouvé dans l'Epître dedicatoire d'un livre de Martin Hamcon qui traite de la Frise que c'estoient les Frisons, qui estant entrez dans le Royaume de Chile devant que les Portugais y entrassent y avoient laissé leurs Armoiries en divers endroits. *Peruvianam Frisios Americam longe ante Hispanos intrasse & habitasse non solùm ex aquilis more ipsorum pictis, sculptisque in Chili passim inventis apparet. Sed Glaucam quoque Principis eiusdem Provinciæ filiam ab Hispanis captam se ex antiquo Frisionis sanguine ortam dixisse Alphonsus de Ereilla Eques Iacobi & Carolo V. Cæsari à cubiculis refert. Martinus Hamconius in Epist. Dedicat. Frisiæ ad Albertum Ducem.*

Les maisons de Frise qui en portent sont Duoma, Dekema, Galema, Liaukema, Martena, Judicman, Fortema, Jongama, Juckema, Holsinga, Reinalda, Harinkma, &c.

Douma porte le demy-aigle party de gueules à une demie-rose d'argent, la demy-aigle mouvante à droite de la partition, & la demie-rose mouvante à gauche de la mesme partition.

Holsinga la demie-aigle party de France.

Iuckema la demie-aigle party d'un

coupé d'azur à l'Estoile d'or sur gueules à la rose d'argent.

La ville de *Snits* en ce mesme pays porte une demie-aigle de mesme avec trois couronnes en pal & Hamcomius, décrit en ses vers ces Armoiries au liv. 2.

Ternasque coronas
Bello promeritas Aquila cum dimidiata
Arma vrbi dederat praclara insignia Sanec.
Qua splendent variis ibi nunc ornata parergis.

Junius a fait cette remarque des demie-aigles dans les Armoiries des Frisons quand il dit. *Frisii clypeis suis & insignibus dimidiatas aquilas plerumque adiiciunt. Iun. in Batavia.*

Le mesme Hamcon veut que les Armoiries de Frise soient des Armoiries composées de celles des deux Frises Orientale & Occidentale, qu'il dit avoir esté unies par Beroald qu'il fait quatriéme Roy de Frise. *In defuncti fratris Odilbaldi locum cum hic à Ridsardo Aurindulio Frisia Orienialis Rege in filium adoptatus esset, ac filiam unicam eius haredem in vxorem accepisset, tàm socero quàm Patri succedens utrumque*

Frisiæ Regnum obtinuit, Orientalisque Frisiæ septem rubris Nymphæa herbæ foliis in tribus trabibus per scutum cæruleum oblique ductis quatuor Frisiæ Occidentalis cum trabe unâ addidit, & Regni utriusque insignia coniunxit, quæ postea apud omnes Frisiæ Reges in usu manserunt. Il ajoûte à la marge que quelques-uns prennent mal à propos pour des cœurs ces fueilles rouges de Nenuphar, qui en ont la figure. *Ex Nymphæis aliqui nunc perperam corda humana faciunt.* Il pretend que les Armoiries d'Angrie que quelques-uns ont prises pour des cornes d'Escarbot volant, & d'autres pour des bouttero-les, soient aussi trois fueilles de Nenuphar. Mais la cause qu'il donne de ces Armoiries est si fabuleuse, qu'il n'y a pas lieu de la recevoir. Il veut que Richold II. Roy de Frise les ait données à Ebissa fils d'Orichius, qui passant d'Angleterre en Allemagne où il reçeut en fief l'Angrie & une bonne partie de la Vestphalie receut en mesme temps pour Armoiries ces trois fueilles prises des Armoiries du Roy de Frise, qui l'investit de ces terres, & un cheval noir pour celles de Vestphalie en memoire de Hengistus son grand pere, dont le nom signifie un Cheval.

Circà hæc tempora Ebissa Hengisti ex Orebio filio nepos, ex Angliâ in Frisiam veniens ab Rege cognato suo Angariam, bonamque Vestphaliæ partem in Feudum accepit. Ab hoc Sigardus, Vitekindus magnus ac plures aly Angariæ, Saxoniæque duces orti scribuntur. Insignia autem Ebißa à Rege Frisiæ accepit Equum nigrum cum tribus Nymphæis rubeis, ad memoriam Hengisti Avi sui, quod nomen Equum sonat, per atram sortem Regno Frisiæ privati, quæ & Vitekindus ante Baptismum gessit, posteà verò usus est albo, Nymphæis Frisiis super imposito. Equum Vestphali, Nymphæas Angari adhuc pro insigniis habent. Mart. Hamcom. in Richoldo.

Je ne parle pas icy des Armoiries augmentées, & composées de diverses pieces à raison de divers évenemens, parce que j'en ay parlé ailleurs, mais j'en donneray seulement l'exemple des Alarcons Comtes de Valverde en Espagne. Fernand Martinez de Zeballos, qui prit la ville de Cuença sur les Mores, portoit d'argent à trois fasces de sable avec une bordure échiquetée d'or & de gueules de deux tires, qui sont les Armoiries primitives des Zeballos. Mais s'estant depuis trouvé à la prise de la forteresse d'Alarcon le jour de S. André, & en ayant esté fait Gouverneur, il prit le nom d'Alarcon, & ajoûta à ses armoiries une autre bordure chargée de petits sautoirs, & encore depuis s'étant trouvé à la fameuse bataille des plaines de Tolose en Espagne où parut dans le Ciel une croix de feu. Il mit cette croix de feu sur le tout de ses Armoiries. C'est ainsi que le raconte *Iuan Pable Martyrio* en son Histoire *De la muy noble y leal ciudad de Cuença*. Je ne veux pas non plus parler de la pratique des écartelures de fiefs, d'alliances, de concessions, de substitutions, & de pretensions, qui font divers quartiers des Armoiries, dont j'ay aussi traité ailleurs.

CHAPITRE IX.

Des Armoiries des Communautez Regulieres.

DEPUIS l'usage des Armoiries pour la distinction des Maisons, les Ordres Religieux ont eu les leurs pour se distinguer les uns des autres & pour leur servir de marques.

Les Ordres Religieux d'Asie n'en ont pas eu la pratique, parce que les Armoiries n'estoient pas en usage en cette partie du monde, mais seulement en Europe, ou l'Ordre de S. Benoist est aujourd'huy le plus ancien de tous ceux que nous connoissons. Cet Ordre n'a pas des Armoiries qui luy soient propres, parce qu'il n'a jamais fait un corps entier sous un seul chef, mais chaque Abbaye a esté comme une espece de Chef sous lequel estoient divers Priorez. Ainsi Cluny, le Mont-Cassin, la Chaise-Dieu, & quantité d'autres Abbayes ont esté chefs en leur particulier, & ont eu chacune leurs Armoiries particulieres. Celles de *Clugny* sont de gueules à deux clefs affrontées & passées en sautoir d'argent à l'Espée de mesme croisée & pommettée d'or mise en pal la pointe en haut. C'est parce que cette Abbaye estoit dediée à saint Pierre & à saint Paul, dont les clefs & l'espée sont les symboles.

La Congregation de sainte Justine de Padouë, qui est une reformation de cét Ordre faite en Italie depuis quelques années fait un corps dependant d'un chef, aussi à-t-elle pour Armoiries le mot PAX, peut-estre parce qu'elle a commencé sur les Terres de Venise, dont le mot PAX est la devise avec le Lion aislé de saint Marc Patron de la Republique & de la ville de Venise.

La Congregation de S. Maur qui est aussi une reformation de cét Ordre établie en France, a pris le mesme mot PAX, mais enfermé dans une Couronne d'Espines sommé d'une Fleur de Lys, & soûtenu des trois clouds de la Passion.

La Congregation de S. Vanne estant la reforme de Clugny, a sous ses Armoiries celles de Clugny.

L'Ordre de S. Bernard, qui est une branche de Saint Benoist, sous l'habit blanc depuis la distinction des Religieux blancs & noirs, a pour Armoiries de sable à la bande echiquetée de deux traits d'argent & de gueules.

Quelques-uns ont crû que c'estoient les Armoiries paternelles de saint Bernard, mais le Pere Chifflet a fait voir le contraire dans un traité exprés sous le titre de *Bernardi genus illustre*, où il donne les Armoiries de la Maison des Fontaines dont descendoit S. Bernard, bien differentes de cette bande échiquetée. Il tient que cette Armoirie est celle des anciens Comtes de Troye, Fondateurs de l'Abbaye de Clervaux, qui en reconnoissance de ce bien-fait auroit conservé leurs Armoiries, & les auroit en suite fait passer à tout l'Ordre entier.

L'Observance d'Espagne porte encore cette bande accostée de Fleurs de Lys.

Les Armoiries de Cisteaux sont de semé de France à un Ecusson de Bourgogne ancien en cœur.

L'Abbé Vghelli dans l'augmentation

qu'il a faite de Ciaconius, donne aux Cardinaux de son Ordre les Armoiries de Cisteaux & de Clervaux. Comme à Guy Poré quinziéme Abbé de Cisteaux, Cardinal Evesque de Palestrine en 1220. il donne écartelé au 1. & 4. de Cisteaux, au 2. & 3. de..... à une Rose de........ & sur le tout l'Ecusson de la bande échiquetée. A Robert 28. General & Cardinal du titre du Pasteur, il ne donne que celles de Cisteaux.

Le Cardinal Bona de la Congregation reformée des Bernardins d'Italie, écartelle ses Armoiries de celles de Cisteaux.

Ciaconius donne à Henry Abbé de Clairvaux Cardinal Evesque d'Albe, un bras mouvant du flanc senestre de l'Ecu tenant une crosse, la bande échiquetée brochant sur le tout. Ainsi on peut dire que ces deux Armoiries de la bande échiquetée, & de Cisteaux sont également communes à tout l'Ordre.

Les Chartreux portent d'argent au Monde ou Globe d'azur ceintré & croisé d'or. La devise. *Mundus mihi crucifixus est.*

L'Ordre de S. Augustin n'a pas des

Armoiries bien determinées. J'ay vû en quelques endroits qu'il portoit d'argent au chef de ſable un cœur gueules ſur argent enflammé d'or ſur le ſable. L'argent & le ſable marquent les couleurs de l'habit des Religieux de cét Ordre, & le cœur celuy de S. Auguſtin. Ce cœur eſt quelque-fois percé d'une ou deux fléches d'azur.

Je les ay vûës en Italie coupées de ſable & d'argent à une croſſe d'or, une ceinture de ſable entortillée à la croſſe ſur l'argent. Une Mître ſur l'Eſcu. La ceinture eſt la ceinture de ſainte Monique.

Au Concile de Conſtance pour les Armoiries de Jean de Piſe General de l'Ordre de S. Auguſtin, il y a un Religieux à genoux devant un S. Auguſtin veſtu en Eveſque.

S. Thomas de Ville-Neuve Archeveſque de Valence, portoit un cœur dont ſortoit une croix, ce cœur percé d'une fléche en bande.

L'Ordre de Camaldoli fondé par S. Romuald, porte d'azur à un Calice d'or, dans lequel ſemblent boire deux colombes d'argent, le Calice ſommé d'une Estoile d'or.

Les Croisiers d'Italie nommez *Crocifers*, portoient d'azur à trois montagnes d'argent sommées des trois Croix du Calvaire d'or, celle du milieu plus haute que les deux autres. Cette Religion a esté supprimée.

L'Ordre des Freres Prescheurs Religieux instituez par S. Dominique, porte d'argent chappé de sable, qui sont les couleurs de leur habit. Quelques-uns ajoûtent sur l'argent un chien tenant un flambeau entre les dents dont il éclaire un Monde ou Globe croisé. Ce qui se rapporte à la vision qu'eust la mere de ce S. quand elle le portoit. Dautres y ajoûtent des palmes & des lys avec une couronne au dessus pour leurs Martyrs, & leur saintes Vierges.

Le party, coupé, tranché & taillé de sable à une Croix trefflée de l'un & de l'autre, n'est pas l'armoirie de cet Ordre, mais celle de l'inquisition, & d'une Chevalerie establie par Saint Dominique.

L'Ordre de S. François a diverses armoiries: les plus ordinaires, sont une Croix du Calvaire, traversée de deux bras en sautoir, l'un nud du Sauveur, l'autre, vestu de Saint François, quelquefois ils y joignent les cinq Playes ou Stigmates, & mettent le Cordon de Saint François autour de l'Escu.

L'Ordre des Carmes porte un Escu tané ou noir, chappé ou mantelé d'argent, pour representer les couleurs de leur habit. Ils y ajoûtent quelque-fois trois Estoilles, deux de sable sur l'argent, & une d'or sur le tané ou sur le sable. Les Carmes Déchaussez mettent une Croix sur la pointe du tané, & les uns & les autres couronnent l'Ecu d'une couronne: surmontée de douze Estoiles en demy-cercle ou Arc-en-Ciel sur la couronne pour cimier un bras armé d'une épée flamboyante, & pour devise *Zelo Zelatus sum pro Domino Deo exercituum*. C'est le bras d'Elie, qu'ils reconnoissent pour Instituteur. Pierre Thomas Sarrazin Religieux de cet Ordre s'est trompé quand il a donné à S. Denis Pape, qui vivoit l'an 262. Les Armoiries des Carmes avec une grande Croix cantonnée de quatre croisettes. Les armoiries n'estoient pas alors en usage, ny les Chevaliers du saint Sepulchre dont les Carmes ont pris l'office n'estoient pas encore en nature pour ajoûter à leur chappé ces cinq Croix qui sont leurs armoiries. Aprés avoir cité un Pierre Luc Flamand sur la foy duquel il dit qu'il y a un vieux manuscript à Florence qui témoigne que ce Pape estoit Carme, il dit qu'il a trouvé dans le mesme livre de ce Flamand les Armoiries de ce Pape qu'il donne telles que je les ay décrites, & il ajoûte qu'ayant vû en mesme temps le livre que François Menenius a fait des Ordres militaires, il a trouvé les armoiries des Chevaliers du S. Sepulchre semblables à celles de ce Pape, tellement qu'il ne doute point qu'il ne les ait portées ainsi avec les anciennes armoiries de son Ordre.

In refertissima Florentiæ Novellana Bibliotheca ad lævam habes in M. S. opere membranis foliis, oculato teste Petro Lucio Belga in Biblioth. Carm. insignem hanc notam Isidori cognomento Junioris S. Dionysium Papam in partibus Syriæ Monachum fuisse, qui omnium ex Monachis primus Pontifex creatus est ann. 267.

Ab eodem Pontificatus insignia accepi quæ hic ob oculos adpono. Tellement que ce Pape avoit des Armoiries huit cens ans devant qu'elles fussent en usage. *Hoc autem dùm attente meditaret, & hæc scriberem in Francisci Menneny Antuerp. viri de antiquitate bene meriti libellum militarium ordinum incidi, in quo Equestris ordinis S. Sepulchri Domini Iesu-Christi, in Regno Hierosolimitano Episcopi anno 63. pro Christo cæsi deinde per Constantinum Magnum Imperatorem innovati & maximis ampliata privilegiis tradunt Barthol. Saligniacus in itinerar. & Franciscus Mennenius in lib. militar. ordinum in iis quinque cruces rubri coloris, in memoriam quinqueplagarum Domini nostri Iesu-Christi, de quibus liquidò apparet D. Dionysium insignia ordinis S. Sepulchri in* Pontificatu *publice extulisse. Quid inquam? immò insignia hæc vetusta suadeo instituto nostro ab initio communia fuisse, & ducor. Nam quemadmodùm totus noster sacer ordo suprà hominum memoria officio Equitum Hierosolymorum Rom.* Pont, *concedente*

dente usus est, & canonicas quotidie celebrabat horas ad normam S. Sepulchri. Ita nullo negotio suadetur insignia Equitum sanctissimi sepulchri Hierosolymitani toti ordini nostro cum Missale & Breviario communia fuisse & hæc eadem Sanctiss. Patri Dionysio Papæ indubitanter accommodata non dubitamus. In menologio Carmelit. Auth. Petro Sarraceno de Bononia.

Afin que rien ne manquât à ce Blason, ce Pierre Luc l'a donné avec la Thiare à trois couronnes, & les deux clefs en sautoir dans sa Bibliotheque des Carmes, ce qu'il a fait aussi pour Benoist XII. qu'il fait de son Ordre, quoy qu'il fut Bernardin, & Fondateur du College des Bernardins de Paris, où sont ses armoiries bien differentes de celles que luy donne cét Autheur, d'un chappé de son Ordre avec trois Fleurs de Lys.

L'Ordre de la Mercy, ou de la Redemption des Captifs, institué par saint Pierre Nolasque Gentil-homme de Languedoc porte les armoiries d'Arragon d'or à quatre paux de gueules, parce que cét Ordre fut institué conjointement par S. Pierre Nolasque, Jacques

Roy d'Aragon, & S. Remond de Rochefort Confesseur de ce Prince qui voulut que ces Religieux portassent un Ecusson de ses Armoiries comme ses Herauts envoyez pour la Redemption des Esclaves detenus dans les prisons des infidelles. L'Evesque de Barcelonne qui leur donna l'habit, y ajoûta en chef les Armoiries de son Eglise, de gueules à la Croix patée d'argent de saint Jean Baptiste. Chaque Religieux de cét Ordre porte un de ces écussons sur le sein.

Les Servites, qui sont ainsi nommez de la qualité de serviteurs de Nostre-Dame qu'ils ont prise dés leur Institution, portent d'azur à un S. & un M. de fleurons entrelassez d'or, dont naist une plante de lys à sept branches, & autant de fleurs au naturel. Saint Pierre Martyr estant Inquisiteur à Florence, & ayant appris que sept Florentins s'estoient retirez dans un Hermitage voisin, craignit qu'il n'y eut quelque chose en cette retraite qui ne fut pas conforme aux loix de l'Eglise, & ayant resolu de les aller visiter en cette retraite en qualité d'Inquisiteur, la nuit suivante il se mit en oraison, & sur le matin s'étant endormy il vid un beau jardin sur le Mont Senario qui estoit le lieu de la retraite de ces serviteurs de Dieu. Nostre-Dame estoit au milieu de ce jardin accompagnée d'une troupe d'Anges, & tenant sept lys en main, qui commençoient seulement à s'ouvrir, elle luy dit, que toutes les plantes de ce jardin luy estoient cheres, mais particulierement ces lys, & qu'elle vouloit qu'il les cultivast pour l'amour d'elle. *Archangelo Gani della vera origine del sacro ordine de Servi. cap 3*

Il y a en Toscane la Congregation des Hermites de S. Augustin de Sienne appellée *Congregatio de Iliceto Ord. Eremit. S. Augustini in Thuscia*, qui porte une montagne à trois coupeaux à une longue Croix, au pied de laquelle est entortillée vn S. & des deux costez sont deux arbres qui naissent de la montagne.

La Congregation du Mont-Vierge de Naples de l'Ordre de S. Benoist. Porte aussi une montagne à trois coupeaux, d'où naist une Croix à double traverse, la plus haute traverse entourée d'un cercle qui enferme sa Croix, & à costé du pied de cette Croix ces deux lettres M. V.

L'Ordre de S. Antoine porte d'or à un T. d'azur que les Religieux portent sur leurs habits, & manteaux, & qu'ils mettoient anciennement dans leurs armoiries, comme j'ay remarqué ailleurs. Depuis la concession de Maximilien Empereur. Ils mettent cet Escusson sur le cœur de l'aigle à deux testes de l'Empire. J'ay rapporté l'acte de cette concession en la page 342. de l'origine des armoiries.

Les Olivetains portent une montagne à trois coupeaux d'où naissent deux branches d'Olivier à costé d'une croix plantée sur les montagnes.

Les Chanoines Reguliers de Sainte Croix, dont le chef est à Huy au pays de Liege, portent dans un rond une Croix pattée dont le montant est de gueules & la traverse d'argent, le champ doit estre de sable, parce qu'ils la portent sur un Scapulaire noir. Au chap. 10. de leur Regle sous le titre. *De Vestitu.* Il est dit, *Statuimus ut in Scapularibus signum crucis assuatur cujus brachium vadens in longum de panno rubeo sit brachium verò transversum de panno albo fiat.*

La maison de Sainte Croix de la Bretonnerie de Paris, estant de fondation Royale, met un S. d'or sur la Croix & l'accompagne de trois Feur-de-Lys aussi d'or. La devise generale de l'Ordre, est *in hoc signo vinces.*

Les Religieux Trinitaires de la Redemption des Captifs, portent d'argent à une Croix pattée, le montant de gueules, & la traverse d'azur. Les Reformez de France y ajoûtent une bordure de Fleur-de-Lys, & ceux d'Espagne une bordure de Castille.

Les Minimes portent le mot CHARITAS divisé en trois syllabes mises l'une sur l'autre. Ils l'enferment d'ordinaire dans une ovale rayonnante, ce fut un Ange qui apporra ce mot à saint François de Paule dans un Ecu Rayonnant.

Les Celestins portent d'argent à une longue Croix de sable entortillée d'un S. & en France elle est accostée de deux Fleurs-de-Lys. Cet S. est le chiffre de la Ville de Sulmone, où cét Ordre a commencé.

L'Ordre du S. Esprit du grand Hospital de Rome, porte une double Croix pattée en queuë d'aronde à une colombe mouvante du chef dans une gloire.

L'Ordre de Valombreuse fondé par S. Jean Galbert d'azur à un bras vestu de la manche de l'Ordre, tenant une crosse d'or.

Les Humiliez qui furent supprimez du temps de Saint Charles Borromée, portoient d'azur à un Agneau d'argent sur une mote de sinople, avec ces mots de sable, dans un rouleau sortant de la gueule de cet Agneau. *Vincit omnia humilitas.*

Les Chanoines du S. Sepulchre portoient une Croix alezée de gueules accompagnée de quatre croisettes de mesme, avec le mot. *In hoc signo vinces.*

La Reforme de Camaldoli de Monte Corona, porte une montagne de trois coupeaux sommée d'une Couronne.

La Congregation des Silvestrins, porte une montagne à trois coupeaux, sur la plus haute est une crosse en pal sur les deux autres aux costez, une plante de rosier avec une rose.

Les Jesuates fondez par S. Jean Colombin, portoient un nom de JESUS dans un rond Rayonné. Cét Ordre a esté supprimé par Clement IX. Quelques-uns luy ont donné un S. Hierôme pour armoiries, mais j'ay vû à Milan dans leur Eglise, qui est à present le Novitiat des Jesuites, ce nom de JESUS dans un rond rayonné en divers endroits. Et il faut distinguer entre leur sceau, & leurs armoiries, ce qu'il faut faire aussi à l'égard de l'Ordre de S. François & de plusieurs autres Ordres qui ont des sceaux differens de leurs devises. Le Pere Foderé a donné les sceaux des Provinces de son Ordre dans la Topographie des Convens de S. François.

La Congregation de l'Oratoire d'Italie, a pour armoiries une Nostre-Dame à demy-corps sur un croissant, comme on la void dans les Annales du Cardinal Baronius qui estoit de cette Congregation.

Les Jesuites portent d'azur au nom de JESUS dans une ovale Rayonnante d'or: au dessous de ce chiffre sacré, ils mettent un cœur avec les trois clouds de la Passion. Ils l'accompagnent de plusieurs devises. Quelquefois ils y mettent *A Solis ortu usque ad occasum laudabile nomen Domini*, à l'occasion de leurs missions Apostoliques dans tous les endroits du monde. Quelque-fois ils y mettent la devise de S. Ignace leur Fondateur. *Ad majorem Dei gloriam*. Quelque-fois *Non nobis Domine non nobis, sed nomini tuo da gloriam*.

Les Clercs Reguliers Theatins portent une longue Croix du Calvaire sur un Mont à trois coupeaux, dont j'ay donné la raison ailleurs.

La Congregation de l'Oratoire de JESUS en France, porte les noms sacrez de JESUS & de MARIE dans une Couronne d'Epines.

Les Penitens du Tiers Ordre de Saint François portent une Colombe mouvante du chef dans une gloire, & le champ semé de larmes, qui sont les symboles de la Penitence, dont le mouvement vient du S. Esprit. *Flabit spiritus ejus & fluent aquæ*.

J'ay donné en la page 345. de l'origine des Armoiries, celle de la Congregation des Peres Augustins Déchaussez de France.

La plus-part de ces Armoiries ne sont

pas

PAX
CHA
RI
TAS
M V
IHS
IESVS
MARIA

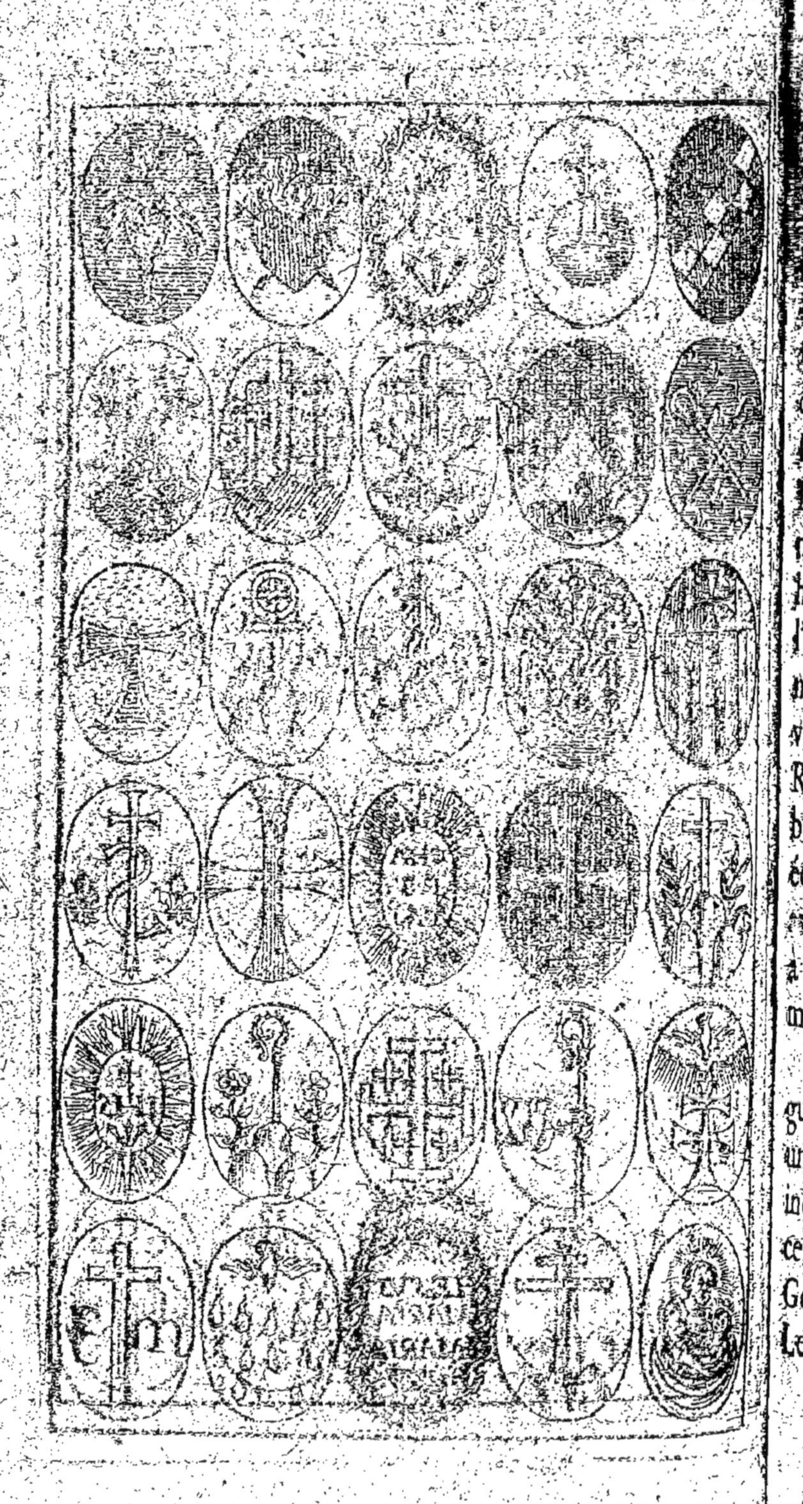

determinez, parce qu'estant toutes differentes, on n'a pas eu besoin de les distinguer par les couleurs.

L'Ordre de Premonstré a des Armoiries d'autant plus glorieuses, qu'elles sont une concession de Saint Louys. C'est un semé de France à deux Crosses d'or passées en sautoir. Cet Ordre de Chanoines Reguliers a commencé en France l'an 1120. Les Crosses sont les marques de sa Jurisdiction dedans & dehors le Royaume. Elle est exercée par l'Abbé General & par les Vicaires Generaux qu'il establit dans toutes les Provinces, tant de France que des autres Royaumes. C'est Messire Michel Colbert qui occupe cette place, & qui écartelle des Armoiries de son Ordre avec celles de sa famille, qui sont d'or à une Couleuvre d'azur, tortillée & mise en pal.

Les Ordres Religieux de filles n'ont guere d'armoiries en general pour tout un Ordre, parce que chaque Maison est independante d'une autre. Il n'y a que celuy de *Fontevrand* dont l'Abbesse est Generale & des hommes & des filles. Les Armoiries de cet Ordre sont une

Croix accostée d'un M. & d'un I. qui signifient *Maria & Ioannes* Parce que tout ainsi que Nostre-Dame devint la Superiere de S. Jean aprés que le Fils de Dieu luy eust dit de sa Croix, *Femme voila vostre Fils* , les Religieux de cet Ordre sont sous la conduite d'une femme.

Les *Carmelites* ont leurs Armoiries communes avec les Religieux de leur Ordre.

Les filles de la Visitation ont aussi pour armoiries un cœur marqué des chiffres de JESUS & de MARIE entrelassez, le cœur percé de deux fléches, & entouré d'une Couronne d'Espines, telles que je les ay representées en la pratique des Armoiries.

CHAPITRE X.

De la maniere de Blasonner de diverses Nations.

ON peut dire en general qu'il n'y a à proprement parler que la Nation Françoise qui blasonne exactement. Les autres Nations confondent la pluspart des figures des Armoiries, & les énoncent si mal quand elles les expliquent, que les plus intelligens en cét art ne peuvent concevoir par leurs discours sans le secours des figures, quelles sont les armoiries que la plus-part de leurs Autheurs ont décrites. C'est ce qui a fait faire une infinité de fautes, à ceux qui se fiant à leur maniere de blasonner, ont donné sur la foy de ces Autheurs quantité de blasons desfigurez. Il n'y a aussi de toutes les Nations que la nostre qui ait des termes fixes & determinez pour dechiffrer les armoiries, ce qui fait que nous concevons d'abord par les termes de *Bande*, *Chef*, *Pal*, *Chevron*, *Sautoir*, *&c.* Les figures que ces termes ſignifient, au lieu que les autres Nations nomment d'ordinaire indifferemment du nom de *Barres* les Bandes, les Paux, les Faſces, & les Barres, qu'elles diſtinguent ſeulement par la poſition diverſe, les nommant barres en long, en travers, de droite à gauche, de gauche à droite, barres eſtenduës & couchées. Encore n'y trouve-t'on pas toûjours ces differences neceſſaires.

Pietro Maria Campi décrivant les Armoiries des Cacci de Novare dit que cette maiſon, *uſa ſei ſbarre inarcate o come piu piace à pittori di formarle diritte alternamente colorite di roſſo, e di bianco incominciando la prima roſſa*. Elle porte faſcé de gueules & d'argent. Et ce que nous diſons en deux mots, il a eſtendu en quatre lignes ſi confuſes, que l'on ne ſçait ce qu'il veut dire, nommant *Barres* les faſces. Il ſe trompe auſſi quand il les nomme *inarcate* ceintrées, parce que les Italiens mettant le plus ſouvent leurs armoiries en des ovales, en font prendre le tour à leurs faſces qui paroiſſent ainſi ceintrées, quoy qu'en effet elles ne le ſoient pas.

Pour les Armoiries des Gazzi de Plaisance, qui portent de gueules à une bande endentée d'argent & d'azur. Il dit, *Fanno per arme in campo rosso vna fascia ouer banda a traverso da ambi i lati dentata e di color bianco pel lungo, nella parte di sopra, e in quella di sotto colorita di azurro.*

Zazzera pour blasonner deux paux viurez en champ de sinople, dit *due zone di fasce appuntate per linea diretta in campo verde.*

Le mesme pour representer la concession du chef d'Anjou-Sicile faite à Henry Spada de Costanza, luy donne un rasteau mis en bande, accosté de Fleur-de Lys, au lieu d'un Lambel de 4. pendans en chef avec trois Fleur-de-Lys, parce que les Italiens nomment le Lambel *Rastello.*

Borghini nomme les paux *Colomne o pigli*, les fasces *doghe*, le fascé *arme adogate per traverso diritte*, le bandé *a sghembo*, le viuré *a spina pesce*, comme une espine de poisson. Les Chevrons *squadre* Equerres. Les vires des Albbissi, roües *ruote*. Ecartelé en sautoir, *squartato a sghembo.* La bordure engreslée *orlo interno allo scudo formato a uso di sega.* Un orle autour de l'Ecu fait comme une scie.

Philibert Campanile qui paroist plus sçavant que les autres en l'art de blasonner, n'a pas laissé d'y faire des fautes considerables, & il a quelquefois des detours qui n'expliquent point ce qu'il veut dire. Par exemple, pour décrire les Armoiries des *Antinori* de Florence, qui portent d'or au chef lozangé d'azur & d'or. Il dit, *fa questa famiglia per arme nella cima dello scudo una parte di sinthesi à scacchi acuti d'oro & azuri.* Voila des lozanges qu'il fait échiqueté aigu. *e'trimanente del campo d'oro.*

Filadelphe Mugnos a aussi sa maniere particuliere de blasonner. Pour dire vairé d'or & de gueules, il dit *campo d'oro di merli fatti a guisa d'onde rossi.* Il nomme les fusées *pichi di lanza*, fers de lances. Pour un party crenelé il dit, *partito per longo d'oro e rosso con tre spontoni quadrati ch' abbracciano ambedue i campi.* C'est ainsi qu'il blasonne les Armoiries des *Gregori* de Sicile.

Enfin de tous les Autheurs Italiens que j'ay vûs, il n'y a que le seul Evêque de Saluces M. de la Chieza qui blasonne regulierement, parce qu'il blasonne à la maniere Françoise, jusqu'à se servir de nos termes. Il a cependant fait quelques fautes, comme quand il prend le vair pour des cloches, ou des verres sans pied, *bicchieri senza piedi.* Il a retenu les termes de *Saltarello, Chiverone, Guironato, bordura, lambello, affrontati, rampante, &c.* qui sont des termes avantageux pour nous, pour entendre les Armoiries qu'il blasonne: mais ceux de sa Nation n'y entendroient rien, s'il n'avoit expliqué ces termes au commencement de son ouvrage, qu'il a intitulé *Fiori di blasoneria.*

Le Pere Petra-Sancta qui a écrit en Latin, a écrit sçavamment sur ce sujet, mais il n'a pas évité la confusion, parce qu'il s'est servy de divers termes pour expliquer la mesme chose, ce qu'a fait aussi le P. Monet. Ainsi quand on ne void pas la figure, on se trouve assez embarassé à deviner ce qu'ils veulent dire par *Tænia, Baltheus, Runcina scutaria, parmula adventitia, &c.* Le P. Petra

Sancta pour se tirer de cet embaras, outre les figures qu'il a données, a mis aux marges assez souvent les termes François.

Chasseneu est allé à une autre extremité, ayant Latinizé tous les termes François *Lambellum*, *Petia*, *Cotissa*; ces termes ne sont pas entendus des Estrangers.

Les Espagnols ne sont pas plus exacts que les Italiens en leur maniere de blasonner.

Ils se servent indifferemment du mot de *barras* pour les fasces, les paux, & les bandes. Ainsi Cascales en ses discours historiques de Murcie, dit de la Maison de *Cordouë*, qui porte d'or à quatre fasces de gueules. *Quatro barras de gules en campo de oro.* Silva Mendez décrivant les Armoiries d'Aragon dit *Tiene por armas sobre dorado escudo quatro sangrientas barras.*

Ils ont des termes particuliers qu'il faut entendre, ils nomment les cinq points des Armoiries de Portugal. *Quinas*, qui est un terme du jeu de trictrac, & on void presque dans tous les Autheurs qui blasonnent les Armoiries des familles qui portent les Ecuſſons de Portugal ou en bordure ou en écartelure. *Traen las Quinas Reales.*

Ils nomment *Aſpa* le Sautoir. *Roëles* les Tourteaux & les Bezans qu'ils ne diſtinguent que par leurs Emaux, *Roeles de oro, Roeles azules*, l'Ecartelé en ſautoir ſe dit *en frange*. Ils nomment *Luneles* quatre croiſſans appointez en roſe. Les Portugais les nomment *Cadernas*. Le Chappé ſe dit, *partido en mantel*. Les coquilles *Veneras* , & quelquefois *Capas*. Le gueules *Colorado , ſangriento, & Roxo*.

Dom Martin de Viſcay qui a écrit de la Nobleſſe du Baillage de Saint Jean de Pied-de-Port , blaſonne aſſez regulierement & à la maniere Françoiſe. En voicy des exemples.

Anſa *Eſcudo partido en palo , El primero de azul con tres veneras de plata pueſtas en palo : el ſecondo de oro con dos faſas coloradas*. C'eſt à dire parti, au premier d'azur à trois coquilles d'argent miſes en pal au 2. d'or à deux faſces de gueules.

Elizagaray *eſcarcelado, en el 1. y 4. azul con tres palomas de plata pueſtas en roque en el 2. y 3. de colorado con cruz llana de plata, y sobre el todo un Escudo colorado con cheviron de tres pieças.* C'est à dire écartelé au 1. & 4. d'azur à trois colombes d'argent 2. & 1. c'est ce que signifie ce *puestas en roque*, parce que le roc a à peu prés cette figure, estant en haut divisé en deux branches, & se terminant en bas en une séule branche. Au 2. & 3. de gueules à une Croix pleine d'argent : sur le tout de gueules à trois chevrons d'or.

Il nomme le chevron *cheviron*, le sautoir *sautor*, engreslé *englerado*, endenté *endentado*. On void enfin qu'il s'est absolument attaché à la maniere Françoise.

Antonio Brandão Portugais a fait le mesme pour les familles de Portugal, en sa Monarchie Portugaise, qui est l'Histoire de Portugal. Il fait voir qu'il a lû nos blasonneurs, & qu'il en a pris la maniere.

Vasconcellos *En campo preto tres faixas Veiradas e contraveiradas de prado e Vermelho.* De sable à trois fasces vairées & contre-vairées d'argent & de gueules.

Almeida *en campo Vermelho tres besantes de ouro entre hũa dobre cruz, e bordadura do mesmo ouro, & por timbre hũa Aguia de Vermelho abezentada de ouro*. De gueules à trois besans d'or entre une double croix & une bordure de mesme. Il se sert fort souvent du terme de *purpura* pour le gueules.

Il y a peu d'Allemans qui ayent dechiffré les armoiries. Du moins je n'ay guere vû que l'Armorial de Sibmacher dont la premiere partie est blasonnée. Voicy comme il blasonne celles du Duc de Saxe. *Das erst ober feld blou, darin ein rot und veiss getheilter LoW*. C'est à dire au 1. d'azur à un lion fascé d'argent & de gueules. *Ein schvvartz vnd gelb getheilter feld, Rautenkraut darin grun*, fascé d'or & de sable à la gurlande de ruë de sinople, *Ein schWartzer LoW im gelben feld*, un lion noir en champ d'or. C'est à dire au lion de sable.

Il confond les fasces, les bandes & les paux, nommant *Balcken* & les uns & les autres. *ZWen blouer balcken in gelben feld*, pour dire d'or à deux paux d'azur qui sont les armoiries de *Lands-*

berg, & pour *Hongrie*, qui porte des fasces, il dit *Ein schildt mit roth vnd veissen abgetheilten balcken.* Pour l'Evesché de Ratisbonne qui porte de gueules à la bande d'argent, il dit *Ein Roter schildt, dardurch ein veisser Balcken.*

Vigule Hund est un peu plus exact en son livre de la Noblesse de Baviere, pour les Comtes de Mospurg il dit *scbilt in mitten gleich hallo abtheilt in obern Weisen feld zwo rot Rosen in vnthern roten feld ein weisse Rosen.* C'est à dire qu'ils portent coupé au 1. d'argent à deux Roses de gueules au 2. de gueules, à une rose d'argent.

Les Flamands ne sont pas toûjours exacts, particulierement Gouthouen. Il nomme le lambel *Baernsteel* qui est une anse ou corniere, & pour blasonner les deux fasces bretessées d'Arckel il les nomme barres *Tvvée roode Baren met tanderinghen onder ende bouen d'Een teghen dander op een zilveren veldt.* Ce fut un Jean d'Arckel Evesque d'Utrecht qui introduisit la maniere d'apendre dans les Eglises les Ecussons des Chevalliers & Gentils-hommes, &

il le pratiqua pour son frere tué à la guerre de Liege. Ce fut environ l'an 1350.

Les Anglois & Hibernois blasonnent comme nous, & se servent mesme de nos termes. Voicy les exemples d'un manuscrit Hibernois.

O Doulec *Gules a bend or charged Vvith anther vert.* De gueules à la bande d'or chargée d'un autre de sinople.

Kavanagh of Belian *azure a lyon rampant argent langued, and armed guels vvithin a bordure of the second.* D'azur au lion d'argent armé & lampassé de gueules à la bordure d'argent. Quelquefois ce manuscrit blazonne par les pierreries, ce qu'a fait aussi Jean Vvlliam.

Mac Carty *Pearle a stagg tripping Rubie attired Topaz.* d'argent au cerf passant de gueules. Il dit perle pour argent, rubis pour gueules, topaze pour or.

Jean Villim blasonnant les armoiries de l'Evesché de Salisbery, dit *The field is Iupiter, our tady Vvith her son in her right hand, and a scepter in her lest all topaz*. D'azur à une Vierge d'or tenant son enfant au bras droit, & un Sceptre de la main gauche. C'est de nos vieux blasonneurs qu'ils ont pris cette Methode. Voicy les armoiries de Bourgogne blasonnées de cette sorte dans un vieux manuscript.

Bourgogne porte de France, de Bourgogne, de Brabant & de Luxembourg, & de Flandres sur le tout, en pierreries & en vertus. Le premier quartier de France de Saphirs, semé de Fleurs de Topaze, & une bordure componée de perles & de rubis. En vertus de loyauté semé de Fleurs de Lys de Noblesse à une bordure composée de richesse & de proüesse. Le second de Bourgogne bandé de six pieces de Topaze & de Saphirs à une bordure de rubis, en vertus de loyauté & de noblesse, à une bordure de proüesse. Le tiers de Brabant de diamans à un lyon de Topaze, en vertus de simplesse à un lyon de noblesse. De Limbourg, de perles à un lyon de Rubis à la queuë fourchée & croisée en sautoir onglé, denté, & couronné de Topaze, & lampassé de Saphirs. Onglé, denté, & couronné de Noblesse lampassé de loyauté au lyon de hardiesse. Pour Flandres de Topaze à un lyon de diamant en vertu de noblesse à un lyon de simplesse. Voila quelles estoient les extravagances de ces Herauts ignorans.

Pour regler le dechiffrement des armoiries, & pour le rendre fixe j'espere de donner avec le temps un Alphabet des termes du blason en huit langues, avec les figures pour servir à toutes les Nations de l'Europe.

DES REGLEMENS POUR les Armoiries.

CHAPITRE XI.

LEs grands abus qui se sont commis en l'usurpation des Armoiries, ont souvent obligé les Princes de faire des Reglemens & des Ordonnances à l'égard de la pratique & de l'usage du blason. La Cotte d'arme & la Banniere n'ont jamais esté permises qu'aux anciens Nobles qui estoient Chevalliers. Quant à l'Ecusson je trouve qu'il y a plus de quatre cens ans que les simples bourgeois l'ont porté, & on en treuve quantité d'exemples en divers endroits, & mesme les marques des Marchands, en chiffres & las d'Amour, particulierement sur leurs tombeaux. En Allemagne où la Noblesse est fort exacte, & ses droits bien maintenus les Marchands sont en possession de temps immemorial d'avoir des Armoiries.

Dans les Coûtumes des Provinces il y a quelques Reglemens sur le fait des Armoiries. La Coûtume de Bretagne article 677. dit, *Aucun n'usurpera le nom, titre, armes, preeminences & privileges de Noblesse: & ceux qui le feroient, & en seroient convaincus seront condamnez rayer lesdits noms, qualitez, armes & préeminences de Noblesse, & en l'amande de trois cens livres, moitié à la Paroisse, moitié au delateur, outre l'amende dûë au Roy, & sans prejudice de plus grande peine pour le crime de faux si elle y échet.* Argentré ajoûte au dessous de cette article. *Hic magnis clamoribus nobilitatis perlatus est, & nuper quidam in hos casses incidit: sed nimio plures eadem meruére.*

La Coûtume de Tours article 60. dit, *Le Seigneur Chastelain est fondé d'avoir préeminence avant ses vassaux és Eglises estans en & de sa Chastellenie, comme d'avoir & tenir litres en ses armes & timbres au dedans & au dehors desdites Eglises : & peut prohiber & defendre qu'autres ses vassaux ne mettent littres aux armoiries esdites Eglises au prejudice de sa préeminence, sinon que son vassal fut fondateur special de ladite Eglise. Auquel cas il pourra avoir & tenir littres à ses Armes & Armoiries à Timbres, & autrement au dedans & dehors de ladite Eglise : sinon que ladite Eglise fut la principale Eglise Parrochiale en laquelle fut assis le Chastel, ou principale Maison de la Chastellenie. Auquel cas il ne pourra avoir sesdites littres & armes dehors, mais les pourra avoir par dedans seulement, & aussi si ledit vassal d'ancienneté avoit accoûtumé de tenir littres & armes au dedans de ladite Eglise, faire le pourra.*

L'Article premier des Coûtumes de Poictou porte que *Tout Seigneur, qui a Comté, Vicomté, ou Baronnie, est fondé par la Coûtume d'avoir droit de Chastel, Chastellenie, haute Iustice, moyenne & basse. Et peut le Seigneur Comte, Viconte, ou Baron, auoir & tenir à quatre pilliers sa Iustice, c'est à sçavoir Fourches Patibulaires pour pendre & executer les malfaicteurs. Et peut porter banniere. Qui est à dire que le Comte Vicomte ou Baron peut en guerre ou armoirie porter ses armes en quarré. Ce que ne peut faire le Seigneur Chastelain, lequel seulement les peut porter en forme d'Ecusson.*

L'Article XII. des Coûtumes generales des trois Baillages de Lorraine porte que *Les Bastards advoüez des Gentilshommes seront selon la condition des gens anoblis, pourveu qu'ils suivent l'estat de Noblesse, & porteront tel nom & titre que le Pere leur voudra donner. Mais ils barreront leurs surnoms en leurs signatures, & porteront les armes de leur Pere, barrées de barres traversantes entierement l'Ecusson de gauche a droit, & ne leur sera loisible ny à leurs descendans d'oster les barres.*

L'Article 200. de la Coustume de Sens porte qu'*en succession directe & ascendant à l'aisné fils appartiendront par preciput & avantage les armes pleines le cry & le tiltre de Seigneur.*

Comme Bartole est le seul Jurisconsulte ancien, qui ait écrit des Armoiries, son traité a presque toûjours tenu lieu de reglement sur ce sujet. Laurent Valle a fait contre ce traité une lettre pleine d'injures. Mais il fait voir tant d'emportement en cette lettre, & d'ailleurs tant d'ignorance touchant les armoiries, que l'on void en tout ce discours qu'il n'entend pas les choses qu'il reprend. Ce fut un de ses amis qui le mit en si mauvaise humeur contre Bartole. Parce que cét amy trop grand partisan de ce Jurisconsulte pour faire déplaisir à Valle, & pour le mettre en colere, soûtint en une conversation qu'il avoit avec luy, que Bartole valloit mieux que Ciceron, & qu'il y avoit plus de doctrine en ce petit traité des Armoiries qu'il n'y en avoit dans toutes les œuvres de ce Maistre des Orateurs L'extravagance de cette proposition choqua Laurent Valle grand amateur de Ciceron, & le fit aller à une autre extremité aussi ridicule, pretendant de faire passer Bartole pour ignorant. Il n'y a rien en toute cette lettre que du Latin & des injures, dont les Grammairiens sont d'ordinaire assez liberaux, comme si elles devoient estre plus agreables estant dites en beaux termes.

Depuis Bartole nous n'avons guere que le President Chasseneu, qui ait écrit des Armoiries en Jurisconsulte, aussi est il allegué par tous ceux qui traitent de ces matieres dans les contentions litigieuses. C'est dans son Catalogue de la Gloire du monde, qui est un traité de Droit des plus curieux qu'il a inseré diverses choses touchant les Armoiries, mais toutes ne sont pas seures, ny conformes aux mysteres de cét Art.

J'ay trouvé dans l'ancien recüeil des Lois & Ordonnances de Portugal, dix articles exprez sur le sujet des Armoiries, que j'ay crû devoir donner icy pour ne rien laisser desirer sur cette matiere que j'ay entrepris de traiter le plus exactement qu'il me sera possible pour la rendre plus complete qu'elle n'a esté jusqu'icy, n'ayant esté à proprement parler qu'une simple Grammaire de déchiffrement de termes. Voicy ces Ordonnances.

Esguardandonos : quanto com razam he e deue ser estimada à nobreza e fidalguia das pessoas : & quanto os homẽs fazam, & sam obriguados fazer per aalcançar & sustentar : & assi como as armas dos nobres & fidalguos de nossos Reynos deuem andar en toda certidam. Por ser em sinaes de sua Nobreza, & linhagém & merecimentos : & porque cada hum saiba o modo & maneira, em que pode & deue trazer as armas que por dereito lhe perteneçera : o declaramos por esta ordenaçam.

Item o chefe da linhagem sera obriguado trazer as armas dereitas sem diferença nem mestura doutras ninhũas armas. e sendo chefe de mais de hũa linhagem sera obriguado trazer as armas de todas aquelas de que for chefe dereitas, & sem mestura em sus quarteis. Segundo por Portugal Rey d'armas lhe sera ordenado.

Item os outros Irmãos, e assi todos

os outros da linhagem as ham de trazer com a diferenza ordenada no nobre oficio da armeria. e assi poderam trazer ate quatro armas se quiserem daqueles de quem descenderem esquartelados. & mais nam, e se quiserem tomar somente estremas as armas da parte de suas mais podeloam fazer.

Item os bastardos ham de trazer as armas con sua quebra da bastardia segundo ordenança d'armaria.

Item non podera pessoa algũa trazer armas do Reyno dereitas, posto que sejam mesturadas com outras armas, mas ham de ser trazidas no quartel em que as trouxerem, que ha de ser dereito con deferenza assi como a cada hum pertence as trazer, conven à saber as que vem por bastardia e as outras com a deferença ordenada d'armaria, porque pois o principe herdeiro as nam pode trazer sem deferença, muyto menos ninhũa pessoa.

E porque isto assi inteiramente se guarde, como he muyta razam que seja ordenamos, e mandamos que qualquer pessoa de qualquer calidade condiçam que seja, que nouamente tomar armas que de dereito lhe nom pertençam perca sua fazenda a metade para quem o acusar, e a outra metade para ho cativos. e mais perdera toda sua honrra e priuilegio de fidalguia, e linhagem pessoa que tener e seja avida por Plebeu, assi nas penas como tributos e peitas sem nunca poder guozar de ninhuũ privilegio nem honrra que por razam de sua linhagem ou pessoa, ou de dereito lhe pertencesse.

Equenquer que tever armas suas e as leixar in todo, tomando assi novamente outras que lhe nam pertençam avera as mesmas penas na maneira que dito, e pelo mesmo caso perca as suas armas proprias sem as mais poder ter nam de las usar.

Equalquer que acrecentar nas suas armas algũa cousa que por dereito ne podia tirar encorrera em pena de dous annos de degredo pera cada hum dos luguares dalem. Mais paga cincuenta cruzados douro pera o Rey d'armas ou outro official d'armas que o acusar, e nam usara d'outras armas salvo daquelas que proprias & dereittamente forem suas.

E a alem das penas ſobreditas em cadahuũ dos ditos caſos mandamos que aqueles que de novo tomarem armas nam lhe pertencendo, ou acrecentarem ou tirarem nas que teverem como dito he ajam mais por pena que em quaeſquer demandas que trouxerem, ora nelas ſejam auctores, ou reos, ou aſſiſtentes, ou opoentes poſtoque vencidos ou vencedores ſejam ne principal ſejam ſempre condenados nas cuſtas pera a parte contraira em tres dobro aſſi nas do proceſſo como peſſoas. E qualquer parte que contra eles litiguar, podera opoer no feito (depois da ſentença dada) cadahuã das ſobreditas couſas, e lhe ſera a dita parte condenada nas cuſtas em tres dobro provando cadahuã das ſobreditas cauſas como dito he.

Item todas as ſobreditas penas avera o que tever tomadas as ditas armas novamente, e as nam leixar, ou aquele que as tever acrecentadas ou de las tever tirado e as nam tornar a poer como de dereito lhe pertencem da pubricaçam deſta ordenaçam a tres meſes. Titulo XXXVII. da pena que averam os que trouxerem as armas, que lhe nam pertencem.

pertencem. *Del segundo libro das ordenaçaões*. Elles sont imprimées des l'année 1521.

Aux Pays-Bas il y a aussi quelques Ordonnancces que Zypœus a inserées en son Traité *de Notitia juris Belgici lib. XII. tit. de dignitatibus & nobilitate.*

Nemo alienæ familiæ quamvis intermortuæ nomen aut arma assumat, nisi per adoptionem, testamentum, contractum matrimonialem ab iis quorum in potestate esset, & a Principe obtinuerint nisi sicubi mores Emologati id permittant.

Ne quis insignium paternorum, avitorum proavitorum seriem interturbet, inordinata, aut aliena interserat.

Qui quocumque titulo dominia obtinuerint, eorum insignia tamquam familiaria gestare non possint: liceat tamen eis uti dominiorum titulis, expresso tamen nomine suo & agnomine. & in negotiis dominii sigillo dominii. Quod si autem hujusmodi dominia magnæ fuerint dignitatis, ut potè baronatus, aut maioris; atque ad ignobilem manum devenerint, eo ipso titu-

li, nomina, & dignitates cessent.

Vt secundò & vlteriùs geniti, quin imò primogeniti vivo Patre, integra insignia non gerant, sed aliqua nota distincta, vt perpetuò lineæ dignosci possint, & ex quâ quique descendant, donec anteriores defecerint. Exceptis Luxemburgis & Gueldris, quibus non sunt ii mores. Cela fait voir qu'aux pays de Luxembourg & de Gueldres l'usage des brisures n'a pas esté introduit par coustume ou par ordonnance.

Vt qui per Mechanica exercitia, seu vilem professionem aliam, nobilitate exciderint, illius rursum honore, aut immunitate non fruantur, nisi postquàm ab illis reipsa abstinuerint, ac nobilis Genealogiæ suæ rectâ serie probatæ litteras a Principe rehabilitationis obtinuerint, eæque Heraldorum actis inscriptæ fuerint. nisi vbi mores Emologati, seu alias notoriè vsurpati huiusmodi litteras non exigant.

Vt nemo sibi, aut alteri tribuat titulum Baronis aut maiorem, aut secùs insignia sua delatores, aut sustentatores ponat, coronasve indebitè assumptas, nisi hæc sibi per litteras Prin-

cipum nostrorum probet attributa. Seu perditis per bella literis, notoriæ possessionis. Quo casu aliæ dabuntur literæ actis Heraldorum inscribendæ.

Vt nemo utatur titulo Equitis, nisi dignitate Equestrià Principibus nostris donatus.

Vt notarii & scribæ publici titulos nobilitatis nemini adscribant, nisi quem certò aut omninò verisimiliter ei deberi compertum habuerint.

Vt ab externo Principe absenti tituli, nobilitas, insignia, legitimatio, incolis harum ditionum nihil proficiant.

Vt nemo super insignia ponat Tymbra facie plana ad supremorum Principum modum, nec galeas undique inauratas, neque coronas, quam distinctè cuique dignitati competant.

Vt spurio sanguine nati quamvis rescripto Principis legitimati, ipsi Bastardi, & naturales barram insignibus interserant: Eorum autem liberi insignem notam quæ a secundò genitis legitimis ritè eos distinguat. Et ne contingat in novorum insignium concessione aut antiquorum approbatione aliis præ-

iudicari, & omnes nobiles sua insignia Patris, atque Matris, & titulos mittant ad primum seu generalem Heraldum suæ Provinciæ, ut registris ritè inscribantur quæ in concessionibus huiusmodi consulantur.

Vt nuntii Provinciarum, Territoriorum, & civitatum insignia deferant sine coronâ. Op Verheven Bussen *ad latus corporis sinistrum.*

Vt omnes literæ post adventum Alberti & Isabellæ Principum impetratæ, nobilitatis, insignium, legitimationis, Equestris dignitatis, aliarumque id genus concessionum registrentur apud Generalem & Provincialem Heraldum alioquin non prosint.

Ces Ordonnances furent faites par l'Archiduc Albert, & c'est pour son Edit que Monsieur Christin a fait du depuis vn grand commentaire sous le titre de *Iurisprudentia Belgica*, où il y a des choses fort curieuses touchant les usages des Pays-Bas.

Auparavant il y avoit des Ordonnances faites par les anciens Ducs de Bourgogne, que Jean de saint Remy premier Roy d'Armes sous le nom de

foison d'or, a rapportées en son manuscript des Armoiries écrit l'an 1463.

Nul ne doit porter les armes ny le signe d'vn autre en son preiudice.

On ne peut vendre ne aliener les ar-mes de son lignage. Vn bastard doit por-ter ses armes comme son Pere avec vne traverse, & prendre son surnom de la Seigneurie, dont sondit Pere s'attitule, & point es surnom de son Pere, n'estoit qu'il eust tel titre & surnom que les-dites armes.

Le Bastard ne peut oster ladite tra-verse sans le congé & licence du chef des armes, & de ceux du lignage por-tans lesdites armes si ce n'estoit qu'il les voulut mettre en vn faux escu.

Les fils des Bastards nez & procreez en loyal mariage, si leur mere est gen-tilfemme doivent porter leurs armes escartelées de Pere & de Mere, ayant tousiours la traverse au quartier du Pe-re, ou si autrement les veulent porter sans traverse les peuvent porter toutes pleines en vn faux escu.

Si les femmes n'ont esté alliées par mariage, mais ayent vouloir & inten-tion d'elles marier, elles doivent porter leurs armes pleines à la senestre moitié, & la destre vuide, & toute blanche, comme attendant les armes de Mary futur. Car outrement est à entendre s'elles n'ont point d'intention d'elles iamais marier, elles les doivent porter pleines sur toute lesdit Lozange; car s'elles vont de vie à trépas, sans estre mariées l'on les met telles à leurs obseques, & service, à sçavoir pleines.

Il ne me souvient pas d'avoir vû plus de deux exemples de cette pratique, l'vn à Huy, & l'autre à Liege.

Nos Roys ont souvent défendu par leurs Ordonnances aux roturiers d'usurper le titre de Noblesse, & de porter Armoiries tymbrées : On a fait aussi de puis peu la recherche des Nobles dans toutes les Provinces du Royaume, & il seroit à souhaiter que tous ceux qui ont exercé en ces recherches la charge de Procureurs du Roy eussent imité Monsieur Chorier, qui ayant eu cet employ dans le Dauphiné, dont il a écrit l'Histoire, nous a donné vn nobiliaire de sa Province.

Outre ces Ordonnances il y a des Arrests celebres rendus en fait d'Armoiries. Il y en a un dans le recueil du President Expilly pour le fait des brisures. Un autre dans le reciieil de Rocheflauyn. Et on en trouvera quantité d'autres en divers autres recueils. Il me suffit d'avoir indiqué ces sortes de choses à l'égard des questions de jurisprudence qui peuvent naistre sur le sujet des Armoiries. Le traité de Theodore Hœpingus *de iure insignium*, & un traité que Lymnæus a mis au second volume de ses questions de Droit peuvent beaucoup servir pour s'instruire de ces questions, aussi bien que le traité des droits honorifiques de Marechal, Tiraqueau *de nobilitate*, & quelques chapitres de l'Oiseau.

CHAPITRE XII.

Des Armoiries mises dans les Eglises, & sur les Ornemens sacrez.

QUATRE choses ont donné occasion de mettre les armoiries dans les Eglises. 1. Les Tournois, puisque quelques jours devant que l'on dût les commencer on alloit *aux Moustiers*, disent les anciennes Chroniques pour faire ses devotions, & c'estoit d'ordinaire dans les Cloistres de quelque celebre Abbaye prés du lieu où se devoit ouvrir le pas que l'on portoit les Armoiries, Blasons, Tymbres, Cimiers & devises des Chevaliers, où elles estoient rangées pour estre vûës des Dames. 2. Aprés les Tournois, & les veritables combats, c'estoit la Coustume de ceux qui avoient emporté le prix, & vaincu leurs ennemis d'aller offrir leurs armes & le cheval avec lequel ils avoient vaincu, à quelque Eglise, où leurs armes estoient attachées. Ils racheroient aprés le plus souvent les chevaux par des sommes d'argent ou par des donations de quelque Terre. De là vient que l'on void en plusieurs anciennes Eglises des representations d'hommes à cheval comme à Nostre Dame de Paris on void celle d'un de nos Roys, que l'on dit qui y entra à cheval armé de toutes pieces, pour rendre graces à la sainte Vierge d'une victoire qu'il avoit remportée.

5. Les Funerailles & Obseques faites aux personnes de qualité, ont donné occasion de mettre leurs Armoiries dans les Eglises, parce qu'on y presentoit les honneurs, c'est à dire l'Ecu, le Tymbre, l'Espée, les Gantelets, les Esperons dorez, le Pennon, la Banniere, le Cheval, &c. D'où est venu la pratique du cabinet d'Armes si commune aux Pays-Bas. C'est un petit taudis de bois auquel on attache l'Ecu des Armoiries avec le Casque, l'Espée, les Esperons, & autres pieces des armes d'un Chevalier. Guillaume Hede en son Histoire Latine des Evesques d'Utrecht, dit que ce fut Jean IV. Evesque d'Utrecht qui estoit de la maison d'Arckel, qui fit suspendre dans son Eglise les Armoiries de son frere qui avoit esté tué en la

guerre de Liege, l'ayant fait enſevelir honorablement, mais que ceux d'Utrecht, s'oubliant des bien-faits qu'ils avoient receus de cet Eveſque, violerent le ſepulchre & le firent ſervir à Frideric de Blanckenem qui fut Eveſque quelque temps aprés. *Fratrem ſuum in bello Leodienſi occiſum ſepelierat funebri pompa ſuſpenſis inſignibus illius, ſed ingrati cives ac priſtini immemores beneficij violato poſteà monumento impoſuerunt in illo Fridericum ex Blanckenem Epiſcopum ſublatis clypeis alterius.* Celuy qui a fait des notes ſur cette Hiſtoire, croit que c'eſt alors que commença l'uſage de mettre les Armoiries dans les Egliſes, c'eſt à dire environ l'an 1350. Mais nous en avons un exemple plus ancien de Geofroy Troulard Baron de Traynel de la maiſon de Joinville, qui mourut l'an 1201. Eſtant mort ſans enfans, Jean Sire de Joinville ſon neveu, qui a écrit l'Hiſtoire de S. Loüis, fit mettre l'Ecu des Armoiries de ſon oncle dans l'Egliſe de Saint Laurent de Joinville, comme on apprend d'une inſcription que ce Sire de Joinville fit mettre à Clairvaux pour un autre Geofroy de Joinville son Ayeul, Pere de Geoffroy Troulart.

Diex Sires Trespoissans, ie vous pri, que vous faciez bonne mercy à Ioffroy Seignor de Ioinville qui cy gist: cui vous donnastes tant de graces en ce monde, qui vos funda plusours Eglises de son temps. Premiers, l'Abbaye de Escure de l'Ordre de Cistiaulx Item l'Abbaye de Ioinville de l'Ordre de Premonstré. Item la maison de Macon de l'Ordre de Grantmont. Item la Priousté dou val Doune de Molesme. Item l'Eglise de S. Lorent dou Chastel de Ioinville. Dont tuit cils qui sont issus de li doibuent auoir esperance que Diex la mis en sa compagnie. Quar li saivs tesmoignent, qui fait maison Diex en terre, il acquier propre maison ou cil. Il fut Chevalier li milars de son temps. Et ce apparut par les grands fais qu'il fit deça la mer, & delà. Et pource, la Senescalcie de Champagne en fut donné à li, & à ses hoirs qui depuis l'ont tenüe de luy. Il bils Ioffroy qui fut Sires de Ioinville qui fut en Acre, fut Peres à Guillaume, qui gist en la tombe couverte de plomb, qui fut Evesque de Lan-

gres, puis Archeuesque de Reins, & freres germains Simon qui fut Sires de Ioinville, & Senescals de Champagnes, & fut du nombre des bons Chevaliers pour les grands prix d'armes qui eut deçala mer & dela. Et fut avec le Roy Iean à prendre Damiete. Il cils Simons fut Peres à Iehan Segnour de Ioinville & Seneschal de Champaigne, qui encore vit, & feist faire cet escrit l'an CCC & XI. *auquel Diex doint salut à l'ame, & saintey au cops.*

I cils Simons refut freres à Ioffroy Troulart qui refut Sires de Ioinville, & Seneschals de Champaigne, liquelx Troulart pour les grands fais qu'il fit deçala mer & dela, refut au nombre des bons Chevaliers. Et pource qu'il trepassa en la terre sans hoirs de son corps, pource que Renommée ne perit, en apourta Iehan cils Sires de Ioinville son Escu, apres ce qu'il demeure ou service d'où Saint Roy de France Loys outre mer l'espace de sept ans. Liquels Rois fit audit Signour mout de biens. Ly dis Sires de Ioinville mit son Ecu à Saint Lorent, *afin que on priat pour ly. Ouquel Escu apres la promesses qu'il fit, & l'onnour que li Rois Richard d'Angleterre ly fist, en ce que il partit ses armes à ceulx.*

Voilà une concession d'armes bien ancienne, puis que Richard d'Angleterre luy fit partir ses Armoiries des siennes pour marque de fraternité d'Armes, comme il se pratiquoit en ces temps-là.

4. On a mis aussi les armoiries sur les tombeaux depuis environ six cens ans. Auparavant on n'enterroit guere dans les Eglises que les Prelats, Abbez, Religieux, Chanoines, & autres personnes semblables celebres pour leur vertu & pour leur pieté. Tous les autres s'inhumoient à la porte des Eglises, en des tombeaux pratiquez dans l'épaisseur du mur mesme de l'Eglise, avec une espece d'arc ou de voûte au dessus. Sur ces sortes de tombeaux on ne voyoit anciennement que de longues croix, & la plupart estoient sans Epitaphes, ny inscriptions. Il y en a d'autres où il y avoit des Epitaphes en vers.

Aprés cela on pratiqua d'inhumer dans les Cloistres & dans les Chapitres des Abbayes, & des grandes Eglises, comme on voit à Clugny, à S. Benigne de Dijon, aux Cordeliers de Florence, & en la pluspart des anciennes Abbayes. Sur les plus anciens de ces tombeaux on ne voit qu'une espée pour les Gentils-hommes Chevaliers, & une crosse simplement pour les Evesques & pour les Abbez Ainsi dans le Chapitre de l'Abbaye de Ressons au Vexin François, il y a un tombeau avec une Crosse gravée dessus, & sur les bords de la pierre en quarré cette Epitaphe. *Hic jacet Dominus Thierricus de Dilugio Abbas hujus Ecclesiæ.* Il y en a deux semblables au Chapitre de l'Abbaye du Val, Ordre de Cisteaux prés la riviere d'Oise.

Peu de temps aprés on mit sur ces tombeaux pratiquez dans l'épaisseur du mur au dehors des Eglises un Ecusson des Armoiries sans aucun ornement, comme on void à la porte des Dominicains de Florence où sont les tombeaux de plusieurs illustres familles avec des Ecussons de cette sorte.

Environ l'an 1200. on commença à inhumer dans les Eglises les Fondateurs & les principaux Bien-faicteurs, comme on void à Gomerfontaine dans le

Vexin François, où sont les tombeaux des Seigneurs de Chaumont, de Trie, & de Dammartin, ce qui obligea l'an 1671. le Marquis de Guitry, comme chef du nom & des armes de Chaumont, de poursuivre le droit de Patronnage & de Fondation de cette Abbaye, qui luy fut adjugé par Arrest de la Cour de Parlement le 21. Avril de la mesme année 1671. Les principales preuves qui furent produites en ce procez, outre les cartulaires de Fondation & de Dotation, furent les tombeaux de ceux de cette maison enterrez aux lieux les plus honorables de l'Eglise de cette Abbaye, & les Armoiries des maisons de Chaumont, Trie, & Dammartin, peintes, gravées, & attachées en divers lieux de la mesme Eglise.

Il reste encore trois branches de cette maison. Le Chef de la premiere est Abdias de Chaumont, Sieur de Lesque, qui a esté Maistre de Camp, & Mareschal de Camp dans les armées du Roy, & a commandé en Italie & dans la Valtolline. Il est Pere du Marquis d'Orbec. La seconde branche est celle du Comte de Chaumont & de ses freres qui ont tous servy glorieusement. L'aisné a esté aide de Camp, Mareschal de Bataille & Mareschal de Camp. Le Chevallier commande encor sur mer. La troisiéme branche est du Seigneur de S. Cheron, & de M. l'Evesque d'Acqs.

Depuis ce temps de 1200. on trouve un assez bon nombre de tombeaux dans les Eglises avec les representations des personnes de qualité. Les armoiries s'y trouvent aussi de cinq manieres differentes sur les tombeaux élevez: l'Escusson est pour l'ordinaire au costé gauche sur la cuisse du Chevalier, comme on void au Val pour Loys de Chambly Sieur de Neausle, qui est representé de cette sorte sur un tombeau élevé attenant au mur d'une Chappelle à costé du chœur sous l'aisle droite avec cette Epitaphe *Icy gist Loys de Chambly Sieur de Neausle & de Torigny qui trespassa le Vendredy devant la my-Caresme, l'an* 1340. au dessous de la longue ligne de cette inscription il est ajoûté en plus petits caracteres, *qi fu fis de la fille o Conte de Bourgogne.*

Les armoiries sont aussi assez souvent autour de ces tombeaux, comme on void

void au mesme lieu celles de Jacques de Villers, & celles de Jeanne de Neelle sa femme. Celles du mary sont du costé de sa representation, celles de la femme du costé de la sienne, & l'Ecusson qui est au dessus de leurs testes entre les deux representations, est party des Armoiries de l'un & de l'autre, ce que j'ay remarqué aussi ailleurs en d'autres tombeaux, & l'usage de partir ainsi les Armoiries du mary & de la femme dans un mesme Ecusson pourroit bien estre venu de là. Le mary à sa cotte d'armes avec le dextrochere & le manchon d'hermine, & la femme à le bas de sa robe party des armoiries de son mary & des siennes, qui sont de gueules semé de treffles d'or à deux bars addossez de mesme.

L'Epitaphe du mary est celle-cy. *Cy gist noble homme Iaques de Villiers, Seigneur Chastelain de l'Isle-Adam, de Nogent sur Oise, & Vermandois, Conseiller, Châbellan du Roy nostre Sire, & Prevost de Paris, qui trespassa le 25. jour d'Avril, jour de S. Marc l'an 1471.*

Celle de la femme est ainsi. *Cy gist Damoiselle Iehanne de Neelle, jadis femme de Iaques de Villers Sr. Chastellain de l'Isle Adam, Conseiller & Chambellan du Roy nostre Sire & Prevost de Paris, laquelle trespassa l'an 1470. le 6. jour de Decembre.* Ses Armoiries sont en Lozange, & celles qui sont parties entre elle & son mary.

Sur les tombeaux plats qui sont à fleur de terre, les Chevaliers tiennent quelquefois l'Ecu de leurs armes sur leur poitrine. Clarembaud de Vendel est ainsi representé sur son tombeau en l'Abbaye de Maubuisson prés Pontoise. Jean de Boisgillout, Estienne de Leurs Maisons, & Girard du Deluge sont de la mesme maniere en l'Abbaye de Ressons.

Plusieurs ont l'Ecu sur la cuisse gauche lié à une courroye ou ceinture l'Epée passée derriere, la pointe en bas, & la garde en haut au milieu de l'Ecu, comme si elle en faisoit le cimier. Il y a quantité de tombeaux de cette sorte à Cluny, à S. Benigne de Dijon pour la Maison d'Arc sur Tille & quelques autres.

Quelque temps aprés on commença à mettre deux Ecussons sans ornemens aux costez des épaules des representations sur les bords de la pierre. Enfin on en mit quatre aux quatre coins, & cét usage a esté le plus universel durant trois cents ans. On le pratiquoit pour les Religieux aussi bien que pour les gens d'épée, & d'ordinaire ces quatre Ecussons, sont ou le mesme repeté quatre fois, ou les quatre quartiers du defunt. A Clugny, à Cisteaux, & à Saint Denis il y a des Religieux enterrez de cette sorte.

On commença aussi par les ornemens funeraires à mettre les armoiries sur les habits ou meubles d'Eglise, & de cét usage on passa insensiblement aux autres ornemens. Les Papes, les Cardinaux, les Evesques, les Abbez l'ont pratiqué aussi bien que les Princes, & les anciens Gentilshommes. Quand ils ont fait d'insignes bienfaits aux Eglises. Cette reconnoissance, peut estre soufferte, mais il y a quelquefois de l'excez. Il y a aussi quelques Armoiries qu'il seroit indecent de mettre sur des ornemens d'Eglise, particulierement les supports des Dieux des fables, ce qui a donné souvent occasion de les changer en Anges quand on a mis les Armoiries dans les Eglises.

Comme on commença au Sacre de Philippe Auguste de semer de Fleurs-de-Lys tous les ornemens qui servirent en cette ceremonie, on commença aussi à semer de la mesme sorte tous les ornemens d'Eglise que nos Rois donnerent aux Autels. On ne void depuis ce temps-là que portes, que vitres, que Reliquaires, que Croix & que Calices d'argent Fleurdelisés. La disposition de la Fleur-de-Lys, qui occupe un espace en forme de lozange, fit qu'en ces temps-là on fretta d'or les vuides que laissoient les Fleurs-de-Lys ainsi sémées sur les ornemens. On ne void sur les anciens tombeaux, & sur les anciens bastimens que Fleurs-de-Lys de cette sorte. Ce qui n'a pas peu contribué à introduire l'usage des armoiries en lozange comme j'ay déja marqué ailleurs.

C'est ainsi que le tombeau de Marguerite fille d'un Roy de Jerusalem, & femme d'un Prince d'Antioche enterrée à Maubuisson, est fretté d'Ecussons de Jerusalem & de Beaumont semé de fleur de lys à un lion brochant sur le tout avec cette Epitaphe.

Cy gist Marguerite fille de Monseigneur Looys fils, le Roy de Ierusalem Vicómte de Biaumont femme Monseigneur Bemont Prince d'Antioche, Comte de Triple, qui trepassa l'an de grace 1328. le Samedy la 9 iour en Avril. Le reste est osté, & ce tombeau qui est l'un des plus beaux monumens que l'on puisse voir tout couvert de plaques de cuivre a esté en partie enlevé. J'y ay remarqué les Armoiries de Jerusalem, qui sont par tout d'une croix potencée avec quatre croisettes patées, au lieu des quatre croisettes potencées comme elles sont ordinairement.

Quelques-uns ont pris cette croix potencée pour un chiffre de la Ville de Jerusalem. Comme si c'estoit un I. passé au milieu d'un H. mais c'est une resverie tres-mal fondée, puis qu'il n'y a pas un ancien monument des Armoiries de Jerusalem qui n'ait cette croix potencée. C'est la croix des anciens Chevaliers du saint Sepulchre, & il n'y a que la Medaille supposée de saint Albert dont j'ay parlé ailleurs, & un quartier des Armoiries des Ursins d'Italie qui ait pû donner occasion à recevoir cette resverie, puisque ces Armoiries y sont en forme de chiffre. Les Caracteres de la Syrie n'ont jamais esté faits comme les nôtres. Et si l'on veut que Godefroy les ait prises telles de luy mesme nous en aurions quelque marque dans tant d'Ecrivains qui nous ont écrit sa croisade, & ses moindres actions. Il ne faut pas facilement recevoir de semblables conjectures, & je ne voudrois pas sur la foy de Monsieur Vanden Berche, Doyen de Spire, Roy d'Armes des Provinces du Rhein, Suabe, Françonie, & du Pays de Liege défigurer cette croix en un chiffre sans esprit, qui tiendroit plus de la marque des balles des Marchands, que d'une banniere de guerre. Aucun Heraut d'armes ne s'estoit avisé devant celuy-là, de blasonner de cette nouvelle maniere ces Armoiries de Jerusalem, qui sont en trop d'anciens monumens d'une autre sorte pour pouvoir estre contestées.

Disons encore un petit mot des cottes d'armes, Pennons & Bannieres pour finir ce traité.

CHAPITRE XIII.

Des Cottes d'armes, Pennons, & bannieres Armoyées.

QUOY que l'vsage des devises sur les casques, & sur les boucliers soit tres-ancien comme nous apprenons des Historiens, & des Poëtes Grecs & Latins, l'usage des Armoiries n'est pas toutefois plus ancien que l'an mille, parce que c'est environ ce temps-là que commença l'usage universel des cottes d'armes, qui estoient une espece de livrée composée de diverses bandes de diverses couleurs; ce qui fit comme j'ay déja remarqué au commencement du traité de l'usage des Armoiries le fascé, le bandé, le burelé, le pallé, le vivré, le chevronné, l'échiqueté, le lozangé, &c Ainsi il est dit en l'Histoire de saint Louis écrite par Jean sire de Joinville de *Secedun chevetaine des Turcs* estoit sa banniere bandée, dont en l'une des bandes il portoit pareilles armes du Souldan de Hallape;

& en l'autre bande d'un cousté estoient les armes du Souldan de Babilonne, c'est à dire que sa banniere estoit par bandes des livrées de ces deux Souldans d'Alep & de Babilonne, & on disoit en vieux proverbe d'un homme qui avoit un grand cœur dans une fortune mediocre qu'il *couvroit un estomach d'or sous une casaque burelée.*

Les casaques des Gens-d'armes du Souldan d'Egypte estoient barrées comme dit la mesme Histoire du sieur de Joinville. *Ces ieunes gens portoient les armes du Souldan, & les appelloit-on les Bahairiz du Souldan, & tont incontinant que barbe leur venoit, le Souldan les faisoit Chevaliers, & portoient ses armes, qui estoient d'or pur & fin, sauf que pour difference on y mettoit des barres vermeilles, roses, oiseaux, griffons quelque autre difference à leur plaisir.*

Les cottes d'armes anciennes estoient de satin ou de taffetas sur lequel s'appliquoient les Armoiries. Je dis qu'elles s'appliquoient en or & argent, & en estain batu, émaillé de couleurs. D'où est venuë la regle du Blason de

ne

Blason de ne pas mettre couleur sur couleur ny metal sur metal, parce que l'or & l'argent s'appliquoient simplement sur le taffetas, & pour les couleurs on y appliquoit un estain battu, emaillé de rouge, de vert, de noir, & de bleu, que l'on nommoit gueules, sinople, sable, & azur. Ce qui fit donner le nom d'émaux au couleurs du Blason, parce qu'en effet c'estoient des couleurs glacées, & émaillées sur l'argent ou sur l'estain.

Nous en avons un témoignage tres-irreprochable dans la vie de saint Louis du Sire de Joinville, qui rapporte au commencement de son ouvrage ce que luy dit ce S. Roy touchant les habits & les ornemens que chacun doit porter selon sa condition. *Par ce dit me remembré-ge une fois du bon Seigneur Roy, pere du Roy qui ors est, pour les pompes & bobans d'abillemens, & cottes brodées que on fait tous les jours maintenant és armes, & disoie audit Roy de present que onques en la voye d'outremer, où ie fus avecques son Pere, & s'armée, je ne vis une seule cotte brodée, ne selle du Roy sondit Pere, ne selles d'autruy, & il me répondit que à tort il les avoit brodées de ses armes & qu'elles luy avoient cousté huit livres Parisis, & ie luy dis, qu'il les eust mieux employez de les avoir donné pour Dieu & avoir fait ses atours de bon sendal renforcé, battu à ses armes comme le Roy son Pere faisoit.*

En la seconde partie de la mesme histoire, parlant d'une feste que le Roy fit à Saumur en Anjou, il dit *que darriere les Chevalliers y avoit grand quantité des Huissiers d'armes, & de salle qui estoient au Comte de Poitiers portans ses armes, battues sur sendal.*

Il dit le mesme des Armoiries du Comte de Japhe, *à nostre senestre arriva le Comte de Iaphe, qui estoit cousin germain du Comte de Montbelial, & du lignage de la maison de Ioinville, celuy Comte de Iaphe arriva moult noblement à terre, car sa gallée estoit toute painte, & dedans & dehors à escussons de ses armes, lesquelles armes sont d'or à une croix de gueules patée. Il avoit bien trois cens Mariniers en sa gallée, qui chacun d'eux portoit une targe à ses armes, & à chacune y avoit un penoncel de ses armes batu d'or.*

En la description des jouftes de Chauvency il est parlé de cet argent battu.

En coste luy & d'autre pars
Autre si fier comme un liepars,
Maucernel au vermoil escu
De deux saumons d'argent battu.

Toutes ces cottes d'armes estoient volantes pour ne point embarrasser celuy qui les portoit, au contraire les robes longues qu'on portoit hors des exercices militaires estoient ceintes, & le plus souvent d'une ceinture dorée, d'où vint le Proverbe, *mieux vaut bonne renommée que ceinture dorée.* Pour dire qu'il valloit mieux acquerir de la reputation dans les actions militaires, que vivre dans le luxe & dans la paix.

Il y avoit de ces cottes d'armes de cinq especes; quelques-unes estoient de fourrures d'hermine & de vair, & celles-là estoient rares, parce qu'elles estoient plus pesantes que les autres. Il y en avoit de plusieurs bandes de diverses couleurs alternées mises en divers sens, en pal, en bande, en fasce, en chevrons, & en lozanges ou échiquiers, quelques-vnes estoient de bandes de fourrure, & d'autres pieces de couleur, ce qui a fait les armes fascées de vair & de gueules communes aux maisons de Coucy, de Bourlemont, de Bressieu & quelques autres. Il y en a eu plusieurs semées de diverses figures. Comme celles de nos Roys estoient semées de fleur de lys. Les plus ordinaires servoient de champ aux Armoiries, comme celle de Montmorency estoit de toille d'or ou de satin jaune, à une grande croix rouge devant & derriere, cantonnée au commencement de quatre alerions bleus, & du depuis de seize. On void quantité de ces cottes d'armes sur les anciens tombeaux, & aux verrieres des Eglises.

C'est de la disposition de ces cottes d'armes qu'est venuë la situation rampante du lion, & des aigles éployez, parce qu'ils paroissoient mieux de cette sorte. La plupart des animaux s'y mettoient aussi rampans comme les loups, ours, chevaux, & taureaux effarez, chevres, &c.

On y mit aprés des figures équivoques aux noms, & des figures symboliques comme j'ay déja dit en d'autres chapitres.

Outre les cottes d'armes on a porté les armoiries sur les lambrequins, sur les manches, & sur les bannieres. Les rimes des jouſtes de Chauvency diſent.

Cil porte lance, & cil eſpée,
Cil porte Hiaume, & cil Blaſon
Li autre ont manche ou pennon.

De ces manches ou manchons il en reſte peu d'exemples, ſinon aux Armoiries de Haſtingh, & de Mohun en Angleterre, & en celles de la Maiſon de Villers en l'Iſle de France. Sur les anciens tombeaux de cette Maiſon en l'Abbaye du Val prés la riviere d'Oiſe, on void cette manche fort bien repreſentée comme Monſieur du Cheſne la donnée en ſon Hiſtoire de Montmorency, & en quelques tombeaux plus anciens qui ſont au milieu du chœur, elle a encore plus la forme d'une manche, on n'a commencé à la déguiſer en forme de manipule qu'à l'occaſion de Charles de Villers Eveſque & Comte de Beauvais, dont la repreſentation mise sur son tombeau dans la mesme Eglise à un manipule d'hermine au bras, & dans ses Armoiries ce manchon est fait en forme de mouchoir plissé. L'Epitaphe est celle-cy : *Cy gist R. Pere en Dieu Messire Charles, de Villers en son vivant Evesque & Comte de Beauvais, Pair de France, Abbé Commendataire des Abbayes d'Orleans, & de S. Pierre lez Châlon, Seigneur Chastellain de Villers, & Nogent sur Oise, qui trepassa le 26. iour de Septembre* 1535.

Je tiens ces Armoiries parlantes, parce qu'en Latin, *Villi*, signifie les fourrures à poil, comme sont l'hermine & le vair, Ciceron au 2. livre *de Natura Deorum*, dit, *in vestibus etiam villi dicuntur flocci: villi prominentes qui hodie etiam ornatus causa arte Fullonia pannis inducuntur.*

En la vie de Bertran du Guesclin ch. 40. il est parlé des bannieres & pennons. *Là peut-on voir maintes bannieres, & maint panon ouvré de soye maint gonfanon, & maint bacinet.*

Il y avoit cette difference entre le gonfanon, le pennon & la banniere, que le gonfanon estoit une banniere d'Eglise pendante & voltigeante au lieu que la banniere estoit quarrée attachée comme les drappeaux, & les cornettes à une lance à la maniere du paneton d'une clef. Le pennon estoit à longue queuë, & pour faire banniere on ne faisoit qu'en couper la queuë comme j'ay remarqué ailleurs. De ces pennons est venu le nom de *Pennonages* qu'on a donné aux compagnies des quartiers de la Ville de Lyon, dont on nomme les Capitaines, *Capitaines Penons*; neantmoins les enseignes de ces pennonages sont de grands drapeaux quarrez, faits de diverses bandes vivrées avec une grande croix, & des devises.

J'ay parlé au commencement de ce traité des bannieres & des pennonceaux qui decoroient les Armoiries, il faut parler icy des Armoiries que l'on met sur les gonfanons, bannieres, penons, & penonceaux.

Sur les gonfanons d'Eglise, on met d'ordinaire les Armoiries des Papes, des Cardinaux Patrons, des Legats, des Evesques, des Saints pour qui on fait ces gonfanons, & des Ordres Communautez ou Confreries à qui servent ces bannieres. Aux estendards qui servirent à la canonization de saint François de Sales estoient les Armoiries du Pape Alexandre VII. du Cardinal Patron Flavio Chigi neveu de sa Sainteté, celles de la maison du Saint, & celles de l'Ordre de la Visitation. On y met aussi quelquefois celles des Princes, qui ont le plus de part aux instances que l'on fait pour ces canonizations, ou dont les Saints canonizez ont esté les sujets. Ce qui fut cause que celles du Roy de France & celles du Duc de Savoye furent mises sur ces mesmes estendards.

Froissart parlant de la prise de la Ville de Dunkerque sur les Flamans par les Anglois, dit de l'Eveque de Norvich chef des Urbanistes d'Angleterre, c'est à dire de ceux qui tenoient le parti d'Urbain VI. contre Clement qui siegeoit à Avignon. *Faisoit l'Evesque de Nordvich devant luy porter les armes de l'Eglise, la banniere de saint Pierre de gueules à deux clefs d'argent en sautoir, comme gonfalonnier du Pape Urbain. Et en son pennon estoient ses armes, qui sont écartelées d'argent &*

l'azur à une freture d'or sur l'azur, & un baston de gueules parmy l'argent & pour briser ses armes, car il estoit des Despensiers le maisné, il portoit une bordure de gueules. vol. 2. Ch. 135.

L'Eglise de Lion porte en procession un grand gonfanon rouge avec la figure d'un grand Lion d'argent, & ces mots *Vicit Leo de Tribu Iuda*. C'est l'Armoirie de la Ville, & le Chapitre de saint Jean dont les Chanoines portent le titre de Comtes de Lion, ne fait porter ce gonfanon aux Processions des Rogations, que pour montrer sa jurisdiction.

Chaque Seigneur portoit ses Armoiries en sa banniere ou en son pennon. Froissart parlant de Philippes d'Artevelle qui faisoit garder les passages de Flandres, dit. *Lors se partit Philippes d'Artevelle du siege: & s'achemina vers Bruges, & chevauchoit comme Sire*, c'est à dire comme grand Seigneur, *& faisoit porter son pennon devant luy tout developpé, armoyé de ses armes: & portoit l'ecu noir à trois chapeaux d'argent*, c'est à dire à trois guirlandes, ou couronnes de fleurs d'argent ; car ces couronnes se nommoient anciennement *chapeaux* ou *chapelets*, parce qu'elles se portoient sur les cheveux qui sont nommez *capilli* en Latin. Le mesme Froissart à un chapitre entier au premier volume de ses Chroniques, qui porte pour titre, *d'un chapelet de perles, que le Roy d'Angleterre donna à Messire Eustace de Ribaumont*, il dit en ce chapitre, *quand l'ont eut soupé, l'on leva les tables, si demeura le Roy en sa salle entre les Chevaliers François & Anglois, & estoit à nu chef, & portoit un chapelet de fines perles sur son chef, & vint le Roy à Messire Eustace de Ribaumont, auquel il dit joyeusement, Messire Eustace vous estes le Chevalier au monde que veisse onques plus vaillamment assaillir ses ennemis ne son corps défendre. Si vous en donne le pris, & aussi sur tous les Chevaliers de ma Court par droite sentence. Adoncques print le Roy son chapellet qu'il portoit sur son chef, qui estoit bon & riche & le meit sur le chef de Monseigneur Eustace: & dit Monseigneur Eustace ie vous donne ce chapelet pour le mieux combattant de la journée de ceux de dedans & de dehors, & vous prie que vous le portiez cette année pour l'amour de moy*, ch 162

Voilà un pennon armoyé de Philippes d'Artevelle, voicy une banniere armoyée, dans le mesme Autheur, mesme volume ch. 241. *Là entre les batailles apporta Messire Iehan Chandos sa banniere: laquelle encore n'avoit nullement boutée hors de son estuy. Si la presenta au Prince, auquel il dit ainsi Monseigneur, veez cy ma banniere, je la vous baille par telle maniere qu'il vous plaise la developper, & qu'aujourd'huy je la puisse lever, car Dieu mercy i'ay bien dequoy en terre & heritage pour tenir estat, ainsi comme appartient à ce. Ainsi print le Prince & le Roy Dom Pietre, qui là estoit la banniere entre leurs mains, qui estoit d'argent à un pieu aguisé de gueules. Si la developperent, & la luy rendirent par la hante en disant ainsi, Messire Iehan veez cy vostre banniere. Dieu vous en laisse vostre prou faire, lors se partit Messire Iehan Chandos, & rapporta entre ses gens sa banniere, & dit ainsi*

Seigneurs veez cy ma banniere & la vostre, si la gardez ainsi qu'il appartient. par là on apprend ce que c'estoit que *lever banniere, bouter hors banniere, developper banniere, & garder banniere.*

On mettoit aussi les Armoiries sur des penonceaux, dont on decoroit le faiste des maisons des grands Seigneurs, les vaisseaux & galeres. Le Sire de Joinville dans l'Histoire de saint Louis decrit de cette sorte la galere du Comte de Japhe.

A nostre main senestre arriva le Comte de Iaphe qui estoit cousin germain du Comte de Montbeliar, & du lignage de la maison de Ioinville. Celuy Comte de Iaphe arriva moult noblement à terre; car sa galée estoit toute peinte & de dans & de hors à écussons de ses armes, lesquelles armes sont d'or à une croix de gueules patée. Il avoit bien trois cens mariniers qui chacun d'eux portoient une targe à ses armes, à chacune targe y avoit vn penoncel de ses armes batu à or, & quant il alloit sur mer le faisoit bon voir à cause du bruit que menoient les panonceaux.

Il dit la mesme chose du Chasteau du Comte de Japhe, *quant le Comte de Iaphe vit que le Roy venoit, il assorta & mit son chastel de Iaphe en tel point qu'il ressembloit bien une bonne ville defensable. Car à chacun creneau de son chastel il y avoit bien cinq cens hommes à tout chacun une targe & un penoncel à ses armes.*

C'est ainsi que les Armoiries ont paru en guerre, en bannieres, pennons, & penonceaux, & cottes d'armes. Elles ont aussi paru aux houssures des chevaux particulierement aux Tournois. Il y en a qui les ont portez jusques aux lambrequins de leurs casques, & l'on en void quelques exemples de vieilles tapisseries. Les vols des cimiers en ont presque toûjours esté chargez, & les Chevaliers estant obligez d'estre armez à crû ce qui les couvroit entierement estoient bien aises de se faire connoitre par leurs Armoiries, qu'ils faisoient paroître en mesme temps sur leurs cottes d'armes, sur leurs cimiers, sur les houssures de leurs chevaux & en leurs bannieres & pennons, qui estoient portez devant eux par leurs Escuyers,

& je ne doute point que ce ne soit pour cela qu'on a donné en Latin le nom d'*Insignia*, & en Italien d'*Insegne* aux Armoiries, parce qu'elles faisoient connoître ceux qui les portoient.

C'estoit la coustume ancienne d'investir par la Banniere, & les Seigneurs qui prennoient investiture de l'Empereur se presentoient à luy avec leur Banniere armoyée de leurs Armoiries. C'est ainsi que le Burgrave de Nuremberg, le Marquis de Brandebourg, le Duc de Cleves, le Duc Loüis de Baviere, & le Duc Frideric d'Austriche parurent devant l'Empereur Sigismond au temps du Concile de Constance, comme on void aux figures de l'histoire de ce Concile, où ils sont representez à genoux, tenant chacun de la droite une Banniere ou penon de leurs armes. Le Comte Adolfe de Cleves fut fait Duc de cette sorte, & l'inscription de la representation est celle-cy. *Hie Ward Graf Adolff Von CleoWen Zu Herczog gemacht.*

Toutes ces Bannieres sont quarrées avec une longue bande pandante d'un bout du quarré.

Au milieu de l'Eglise de Sainte Marie

Majeure à Rome sont representez sur le pavé en marqueterie deux Cavaliers de la maison de Paparona. Scot, & Jean à Cheval armez de toutes pieces, chacun une Banniere en main armoyée d'une Oye, & d'un Serpent tortillé, en pal. Ils ont aussi sur la ganche un Ecu en forme de cœur parti du Serpent tortillé, & de l'Oye, & sur les housses de leurs Chevaux sont les mesmes figures.

Il faisoit beau voir à la teste d'une armée toutes les Bannieres armoyées portées par les Escuyers des Seigneurs Bannerets. C'estoit à qui planteroit le premier ces Bannieres sur la palissade des ennemis, ou sur les murailles d'une Ville assiegée. Il y en a plusieurs exemples dans Froissart.

En Angleterre le Pennon S. George estoit la principale Banniere, comme j'aprens du mesme Froissart, vol. 1. ch. 241. où il dit que le Prince de Gales fit *secretement signifier par tout son ost, qu'au premier son de sa Trompette on s'appareillast, qu'au second on s'armast, & au tiers qu'on montast à cheval, & que l'on partit prestement en suivant les Bannieres des Marechaux, & le Pen-*

non S. George. Et parlant de l'Armée Angloise, il dit, *si estoit grand soulas à veoir & considerer les Bannieres & Pennons, & la noble Armée qui là estoit*

Les Princes, les Maréchaux, & les Barons avoient leurs Bannieres armoyées devant eux pour rassembler leurs gents autour d'eux, au chap. 142. Froissart dit, *là vindrent le Duc de Lanclastre, Messire Iehan Chandos, le Sire de Clisson, le Captal de Buz, le Comte d'Armignac, le Sire d'Albreth, & tous les Barons, & avoient en haut leurs Bannieres levées, pour recueillir leurs gens: qui se rangeoient sur le champ à la mesure qu'ils venoient. Là estoit Messire Iames, Roy de Maillorque, sa Banniere devant luy: là où ses gens se recueilloient. Vn petit en sus estoit Messire Martin de la Kare, la Banniere à son Seigneur le Roy de Navare qu'il representoit devant luy.* Cette remarque est singuliere. Les Princes avoient des personnes qui les representoient, & devant ces personnes estoit la Banniere du Prince. *Adonc vint le Roy Dom Pietre tout échauffé, qui venoit*

noit de la chasse monté sur un coursier noir, sa Banniere armoyée de Castille devant luy.

La banniere estoit donc propre des Barons, & c'est pour cela que la maison de Baronnat en Lyonnois, & Beaujolois porte par allusion à son nom d'or à trois bannieres d'azur au chef de gueules, chargé d'un lion leopardé d'argent: devise *vertu à l'honneur guide.*

Quand le Pape va prendre possession de saint Jean de Latran aprés son couronnement on porte une banniere armoyée de ses armes, & c'est un des premiers Gentils hommes Romains qui la porte. Le Ceremonial dit. *Vexillum cum armis Papæ quod aliquis magnus nobilis portat. lib. 1. de Coronat Rom. Pontif.* Quand on portoit anciennement le saint Sacrement en cette marche sur vne haquenée blanche, il estoit dit que l'on porteroit au dessus un dais aux Armoiries du Pape, & que ce dais seroit porté par les Citoyens de Rome, divisez en treize quartiers, qui devoient changer tour à tour. *Equus albus ornatus portans Sacramentum, habens ad collum tintinnabulum benè tinniens, & suprà portatur baldachinum cum insignibus Papæ per cives Romanos, qui inter se mutantur terdecies ut una quaque Regio habeat suam partem, Ibid.*

On faisoit anciennement les Advoüez des Eglises, & des Monasteres, en leur donnant le Gonfanon : il y en a un exemple en la Chronique du Mont-Cassin L. 2. ch. 75. *Marè cùm maxima lætitia cunctorum, ad Monasterium ascendit Aidenulphus, ac super Altare B. Benedicti aureum calicem Imperatoris & pluviale Diasprum, quæ à prædicto Pandulfo jamdudum in pignus acceperat devotus reposuit. Ibi eum Abbas, & Equo optimo, & armis præcipuis cum insigne pulcherrimo donans, Monastery defensorem constituit.* C'est pour cela mesme que le Pape Leon III. est representé en la voûte de l'ancien Refectoir de S. Jean de Latran, donnant à Charlemagne une Banniere pour l'établir Defenseur de l'Eglise. C'est la cause des armoiries de quelques maisons d'Allemagne qui portent des Gonfanons, comme advoüez de certaines Eglises, & de certaines abbayes, comme les Montforts, les Verdenberg, les Veldkirch, les Herrembergs, les Detnangs, les Aspergs, les Phannenbergs, qui ont tous une Mitre pour cimier pour la mesme raison, comme j'ay remarqué ailleurs.

Enfin la Banniere estoit tellement la marque de la premiere Noblesse que de là est venu le proverbe si commun. *Cent ans Banniere, cent ans Civiere.* Pour dire qu'il ne faut que cent ans pour tomber de la plus haute Noblesse dans la plus basse Roture.

CHAPITRE XIV.

Des Sceaux, de leur forme, & de leurs figures.

LES Sceaux sont d'un usage tres-ancien, puisque nous lisons que Darius fit mettre son Sceau sur la serrure du Temple de Bel. *Clauserunt ostium & signantes annulo Regis abierunt. Dan. 14. v. 14.* Ces Sceaux estoient pour l'ordinaire gravez sur le chaton des bagues, afin que ceux qui s'en servoient les portassent toûjours en un de leurs doigts, & que nul autre qu'eux ne pût s'en servir qu'avec leur permission.

Les Princes portoient d'ordinaire en ces anneaux leur figure gravée en creux sur des Agathes, des Emeraudes, des Saphirs, des Cornalines, ou d'autres pierres precieuses. Quelques uns y portoient les Images des Dieux qu'ils adoroient, ou celles des Heros les plus celebres, ou des animaux en forme de devises. Scipion l'Afriquain portoit l'image de son Pere. Lentulus de son AYEUL. Auguste avoit au commencement un Sphynx pour cachet, parce que le Sphynx est l'image du secret & des choses cachées, apres il se servit de l'image d'Alexandre. Mecenas avoit pour le sien l'image d'une Grenoüille qui se cache, & qui se montre quand elle veut. Neron se servoit de la Fable de Marsyas écorché par Apollon, & attaché à un arbre. Commode du portrait d'une Amazone. Pline, & les anciens Historiens ont beaucoup de choses curieuses à l'égard de ces Cachets, & de ces Seeaux, Et Abraham Gorlæus nous a donné les figures de 196. de ces anneaux en un traité exprés qu'il a intitulé, *Dactyliotheca seu annulorum sigillarium, apud Priscos tam Græcos quã Romanos usu.* On void en ces figures des images de Mars, de Minerve, de Venus, de Jules Cesar, des Victoires armée, & pacifique, le Corbeau d'Apollon, une Abeille sur une rose, un Serpent dont la teste est rayonnante, des Trophées, des Epics de bled, l'Aigle esployé d'une seule teste, comme le porte la maison de Coligny, un Mouton, un Taureau, un Lion avec un Scorpion, un Cocq avec un Epy. Des Chevaux, un Paon avec ses petits, & plusieurs autres choses semblables. Licetus a fait un Traité Latin de l'usage de ces anneaux.

On n'affectoit pas de se distinguer par ces Sceaux, comme on a fait depuis par les Armoiries, puisque souvent plusieurs anneaux avoient la mesme figure, & on pouvoit se les prester pour sceller les Testamens, & les autres Actes publics. Témoin ce Paragraphe du Titre X. du Liv. 2. des Institutes de Justinien. *Possunt autem omnes testes & uno annulo signare Testamentum; quid enim si septem annuli una sculptura fuerint, se cundùm quod Papiniano visum est? Sed alieno quoque annulo licet signare Testamentum.*

Cét usage des Sceaux n'a pas toûjours esté retenu, puisque nous voyons, que plusieurs Actes publics des Princes & des grands Seigneurs, n'ont qu'un simple seing manuel, comme on fait encore aujourd'huy pour les Actes moins importans.

Il y a cinq sortes de Sceaux à considerer. Ceux des Personnes Ecclesiastiques, ceux des Princes, ceux des Chevaliers & des grands Seigneurs. Ceux des Dames, & ceux des Communautez.

Les Papes ont deux sortes de Sceaux, comme j'ay déja remarqué en la page 83. de l'usage des Armoiries. Le Sceau du Pescheur, dont ils se servent pour les Brefs Apostoliques, & pour les Lettres secretes, où on void la figure d'un Saint Pierre qui tire ses filets pleins de poissons. On le nomme l'Anneau du Pescheur, parce que c'est un gros Anneau qui a la figure de cét Apostre qui pesche, d'où vient que l'on dit. *Datum sub annulo Piscatoris.* L'autre Sceau dont ils se servent pour les Bulles a d'un costé les testes de S. Pierre & de S. Paul en regard, celle de S. Pierre à droite, & celle de S. Paul à gauche, une Croix entre deux. Et de l'autre costé le nom du Pape; *Gregorius Papa XV. Vrbanus Papa VIII.* Clemens *Papa X.* La Devise du Pape est quelquefois en legende du costé du revers.

Je n'ay vû qu'un Sceau de Clement VII. de la maison de Medicis dans les Archives de Saint Claude en Franche-Comté, ou les Armoiries de ce Pape sont au revers sous son nom, & en un autre de Leon X. de la mesme maison, sont cinq Tourteaux sans Ecusson du costé de son nom. Ciaconius en rapporte un de Paul III. ou les six Fleurde-lys de ses Armoiries sont au dessus de son nom. Le Sceau des Brefs s'imprime sur cire rouge, celuy des Bulles sur le plomb.

Le grand Sceau des Cardinaux est en forme de fusée. En haut sont les images de leurs Titres, par exemple des SS. Jean & Paul, de S. Estienne, de S. Laurent, &c. Au dessous ils mettent deux Ecussons de leurs Armoiries, avec le Chapeau au dessus, & entre deux le Saint de leur nom, ou quelque autre, selon leur devotion. Je les ay vûs de cette sorte en un Bref d'Indulgences accordées le 18. Juin de l'an 1459. aux Religieux de l'Abbaye de S. Martin de Pontoise, par les Cardinaux Bessarion, de S. Martin, *in montibus*, des Saints Jean & Paul, de Sainte Praxede, de S. Laurens, *in Lucina*, de S. Estienne, *in Cælio monte*.

Les anciens Sceaux des Evesques ont leur representation avec les habits Sacerdotaux, la Mitre en teste, & la Crosse en la main gauche, la main droite levée, avec deux doigts étendus, & les autres fermez pour benir. Quelques-uns ont deux petits Ecussons de leurs Armoiries aux costez. J'en ay vû quantité de cette sorte.

Les Sceaux des Souverains les representent ou assis en Majesté, ou armez à Cheval. Les plus anciens Sceaux de nos Rois les representent de la premiere maniere vestus à la Royale d'une Tunique, ou d'un long manteau avec la Couronne en teste, & le Sceptre en main.

Les

Les grands Seigneurs sont representez à Cheval, avec l'Epée nuë élevée, ou une Banderole, ou un oiseau sur le poing. La pluspart de ces grands Sceaux sont ronds, parce que la figure à Cheval s'ajuste bien avec le rond. Olivier Urée en son Traité des Sceaux des Comtes de Flandres, dit que c'estoient les jeunes Seigneurs qui n'estoient pas encore mariez, qui portoient l'Oiseau sur le poing.

J'aimerois mieux dire que les Gentilshommes ont pour exercice ordinaire la Guerre ou la Chasse; & que c'est pour ce sujet que dans leurs Sceaux ils sont representez avec la Cotte d'Armes, le Casque en teste, l'Epée nuë à la droite, & l'Ecu à la gauche sur un Cheval, ou avec une Banderole, qui est la marque du Tournoy, & des exercices d'armes. En paix ils sont representez avec un Oiseau de proye sur la gauche vestus de long, & suivis d'un Chien comme on void au Sceau de Robert, Sire de Bethune, dans l'histoire de cette maison, écrite par Monsieur du Chesne, p. 145. liv. 3. Des Preuves. chap. V.

Les Dames sont representées le plus

souvent droites, vestuës de long, & voilées. Quelques-unes tiennent une Fleur-de-lys en main, ou quelqu'autre fleur. Elles sont le plus souvent dans une espece de niche d'Architecture Gothique, avec leurs Ecussons aux costez. Quelques-unes sont representées à Cheval avec un Oiseau sur le poing. Quelques-unes sont aussi vestuës au dedans d'une longue robe semée des pieces de leurs Armoiries, avec un manteau fourré de vair, ou semé des pieces des Armoiries de leurs maris.

Au temps que les Armoiries commencerent à estre en usage sous le regne de Loüis le Jeune, on commença aussi d'ajoûter aux Sceaux le contreseel, ou Sceau du secret, qui au commencement n'estoit qu'une simple figure d'un Aigle, d'un Lion, d'une fleur, d'une ou plusieurs testes humaines, ou quelqu'autre chose semblable appliquée sur le derriere du Sceau, dont on le nõmoit contreseel. Aprés on y mit des Ecussons. Le Contreseel de Loüis le Jeune estoit une Fleur-de-lys, avec deux Tigets à la maniere de celle de Florence.

La legende ordinaire de ces Cachets

secrets, est *Secretum meum mihi*, ou *Secretum Domini talis*, ou *Sigillum secreti talis*. On les a souvent representez en forme de Rose, parce que la Rose estoit chez les Anciens le symbole du secret d'où estoit venu le Proverbe *sub Rosa*, pour dire quelque chose que l'on vouloit estre secrete. On a mis aussi quelquefois aux quatre coins les figures des quatre Animaux mystiques, qui representent les quatre Evangelistes Secretaires du Fils de Dieu.

En ces Contreseels il y a d'ordinaire les Armoiries de la personne. Elles sont quelquefois en Ecu quarré, quelquefois en cœur, quelquefois en lozange, & le plus souvent en Ecusson triangulaire, orné & decoré au dehors de demy ronds, & d'angles entrans & saillans avec des fleurs & Rainseaux.

En quelques-uns de ces demy ronds il y a quelquefois des animaux, ou des ornemens de fantaisie. Quand l'Ecu est seul & sans autres ornemens, il est droit. Quand il est avec le Casque & le cimier il est toûjours panchant, & le Casque placé sur l'angle le plus haut.

En quelques-uns outre l'Ecusson principal, il y a des ronds, ou des demy ronds remplis d'autres Armoiries. Les Contresceels de Philippe le Bel ont des demy ronds, ou des demy ovales remplies des Armoiries de Navarre.

Il y a quelques Sceaux de plusieurs Ecussons disposez en rond, ou en quarré, ou en croix. Particulierement les Sceaux des ligues, & des Communautez. J'en ay vû un d'un Concordat entre le Pape, le Roy de Naples & de Sicile, le Comte de Poitiers, le Dauphin de Dauphiné, l'Archevesque d'Arles, l'Evesque de Valence, &c. Sous cette legende, *Sigillū curiæ Parlamenti.*

Loüis Comte de Flandres, fils de Loüis de Crecy, estant devenu Comte de Nevers & de Rhetel, portoit en ses Sceaux un Lyon croupy, la teste passée dans un Casque couronné avec le vol & le cimier au dessus, l'Ecusson de Flandres sur l'épaule accosté des Ecussons de Nevers, & de Rhetel. Et estant encore apres devenu Comte d'Artois, & Duc de Brabant, il en joignit les deux Ecussons aux deux autres, & cantonna son Lion de quatre Ecussons, d'Artois, de Nevers, de Brabant, & de Rhetel.

Philippe le Hardy cantonna l'Ecusson de ses Armes de ces quatre mesmes Ecussons, & quelquefois il les mit en Croix, un au dessus, un au dessous, & deux aux costez.

Enfin les Princes de la Maison d'Austriche, & les Roys d'Espagne qui succederent aux biens & terres de la maison de Bourgogne, eurent pour sceau leurs figures à cheval avec plusieurs Ecussons de diverses Terres tout au tour, en rond, & pour leur contresceel un grand Ecu contre-cartelé de plusieurs quartiers.

En un sceau de Philippe d'Alençon Archevesque de Roüen attaché à des Indulgences qu'il concede pour les Festes de Saint Gautier, & de Saint Martin à l'Abbaye de Pontoise de l'Ordre de S. Benoist, ce Prelat est representé assis & vestu Pontificalement, le Pallium sur la Chasuble, la Mître en teste, la main droite levée comme pour benir, la Crosse en la main gauche. A ses costez sont deux Anges, dont l'un tient l'écu simple d'Alençon semé de Fleur-de-Lys à la bordure bezantée : l'autre tient l'écusson de Normandie à deux

Leopards, la Croix Archiepiscopale derriere l'Ecu. Le contreseel est comme une quarte fueille. Au milieu est son chiffre P H. Sur chacune des fueilles est un écusson, en haut & en bas Alençon, aux costez Normandie, la Croix dans l'Ecu passant au dessus. Le sceau est en cire rouge. Il est du 14. Janvier 1366.

La matiere la plus ordinaire des sceaux, est le plomb pour les Bulles des Papes, & la cire rouge pour leurs Brefs. Les Empereurs ont seellé en or les actes importans. La Bulle d'or de Charles IV. pour l'élection de l'Empereur est ainsi nommée du sceau d'or qui y pend. J'en ay vû l'original à Francfort dans l'Hostel de Ville. Il y en a une de l'Empereur Frideric II. dans les Archives des Comtes de S. Jean à Lyon, & une autre de mesme de l'Empereur Sigismond à S. Claude en Franche-Comté. D'un costé est la figure de l'Empereur de l'autre costé la ville de Rome avec cette legende.

Roma caput mundi Regit orbis frena rotundi.

Les Cardinaux seellent en cire rouge comme j'ay remarqué en divers actes,

Il y a des sceaux en cire blanche, en cire verte, en cire jaune, & en cire rouge.

Les Bulles des Papes & des Empereurs sont attachées à las de soye. Les Brefs sur simple queuë.

Le plus ancien sceau des Comtes de Flandres, où il paroisse des Armoiries est celuy de Robert, surnommé le Frison. Olivier Vrée en donne un de luy attaché à un acte de 1072. où ce Prince est representé à cheval, tenant l'épée nuë, & un bouclier marqué d'un Lyon, d'où Vrée prend occasion de refuter la fable de ceux qui ont dit que les Comtes de Flandres portoient anciennement gironné de dix pieces d'or & d'azur, & que le Comte Philippe fut le premier qui eust rapporté le Lyon du voyage de Syrie, puis qu'il fait voir que ce Comte avoit déja le Lyon plus de treize ans devant qu'il fist ce voyage, comme on void par un des sceaux de l'an 1164.

Les sceaux des Communautez sont pour les Eglises, Chapitres, Congregations, &c. Les Images de Nostre Dame, ou des Saints Patrons, titulaires de ces Eglises & Communautez Ecclesiastiques, les Colleges & Universitez ont leurs Armoiries particulieres.

Celles de l'Université de Paris sont d'azur à trois Fleurs-de Lys d'or, un livre fermé au cœur de l'Ecu.

Celles de l'Université de Cologne sont d'argent, au bras mouvant du flanc senestre de l'Ecu, vestu d'azur, tenant un livre de gueules, fermé, la tranche d'or au chef de Cologne, de gueules à trois Couronnes d'or.

Celles de l'Université de Vienne en Austriche de gueules à la fasce d'argent, un bras mouvant du flanc senestre sur la fasce comme le precedent.

Celles de l'Université de Hidelberge, de sable au Lyon d'or couronné de gueules, soutenant des deux pieds de devant un livre de mesme fermé

Celle d'Oxford en Angleterre de gueules à un livre ouvert d'argent, dans les pages duquel est écrit à droite *Sapientiâ*, & à gauche *Felicitate*, de sable. Il est Bullé à droite de sept sceaux d'or & accompagné de trois Couronnes Ducales.

Celle de Prague en Boheme où elle a esté transportée de Leipsich, d'argent à une porte de Ville flanquée de deux tours de gueules, un bras mouvant du chef, vestu d'azur tenant un livre fermé.

Celle de Sundens en Hongrie d'azur au bras mouvant du flanc dextre de l'Ecu vestu d'argent tenant un livre fermé couché & versé.

Celle d'Erford de gueules à une demie roue d'argent au chef d'azur chargé d'un bras ou dextrochere mouvant du flanc dextre de l'Ecu, vestu d'argent, tenant un livre droit & fermé.

Celle de Bologne en Italie, de gueules à deux clefs d'argent en sautoir, au chef d'azur à un livre droit & fermé d'or.

Plusieurs Abbayes, plusieurs Colleges, & plusieurs Communautez n'ont pas d'autres sçeaux ny d'autres Armoiries que celles de leurs Fondateurs. Ce qui fait qu'en ce Royaume plusieurs Chapitres, plusieurs Abbayes, & plusieurs Colleges ont les Armoiries de nos Roys, parce qu'elles sont de fondation Royale; comme le Chapitre de Nostre-Dame de Paris, l'Abbaye de Sainte Geneviéve, &c. Quelques-uns y ajoûtent la Crosse, le Bâton de Chapitre, ou l'image de leurs Saints Tutelaires comme S. Vincent de Mascon, S. Vincent de Châlon, le Prieuré de Saint Martin des Champs, & grand nombre d'Abbayes.

Tous nos Parlemens en France seellent du Sceau du Roy de trois Fleur-de-Lys en placard.

Les Presidiaux & Senechaussées font la mesme chose.

Le Parlement de Dauphiné seelle d'un Ecusson écartelé de France & de Dauphiné.

Le Parlement de Pau, de France & de Navarre.

Pour les Expeditions qui regardent l'Alsace, le Roy ajoûte à ses sceaux un Ecusson des Armoiries d'Alsace.

Les Turcs ont des cachets ronds ou en ovale, où il n'y a que des caracteres en leur langue. Monsieur Chorier Advocat au Parlement de Dauphiné, & celebre Historiographe, m'a communiqué deux billets de Frideric Barberousse écrits sur velin avec l'empreinte de deux de ses cachets de cette sorte, l'un rond, l'autre ovale, ils sont imprimez avec la fumée d'encens ou de poix ſelon la façon des Orientaux.

Sitti Maani Gioerida femme du celebre Pietro della Valle Gentilhomme Romain, ſi connu par ſes voyages, avoit un cachet de lettres Chaldeennes qui exprimoient ces mots *Maani, Servante de Dieu*. Elle eſtoit née à Mardin en Meſopotamie, de parens anciens Chreſtiens, elle fut élevée à Bagdet en toutes ſortes de ſciences. Pietro della Valle l'ayant épouſée à cauſe de ſa beauté & de ſon eſprit. Elle le ſuivit en ſes voyages, meſme dans les armées où elle le defendit pluſieurs fois fort genereuſement. Elle mourut d'une fiévre, & d'une fauſſe couche auprés d'Ormus la 23. année de ſon aage. Son mary porta ſon corps dans une caiſſe par toutes les Indes, & en tous ſes voyages durant quatre ans, & eſtant arrivé à Rome, il le fit mettre dans le tombeau de ſes anceſtres à Sainte Marie d'*Ara Cœli*, devant la Chapelle de S. Paul. On luy fit de ſuperbes funerailles, où l'on expoſa des Eloges en douze langues qu'elle avoit parlées. En François, Arabe, Portugais, Latin, Perſan, Turc, Grec vulgaire, & Italien. J'ay vû à Rome ſes Armoiries de caracteres Chaldeens, parties avec celles de ſon mary, & un livre d'Eloges en diverſes langues faits à ſon honneur par les ſçavans de Rome. Son mary prononça luy meſme l'Oraiſon Funebre en Italien, mais la douleur l'empeſcha d'achever de la prononcer, & ſes larmes furent le dernier Eloge qu'il luy fit.

On marque de caracteres Turcs & Arabes la terre de Lemnos, qui s'apelle pour ce ſujet *Terre Sigillée.*

Le Sceau des Rois Mogols eſt un Lyon couché, & un Soleil qui ſe leve de derriere ce Lyon & qui paroît à moitié.

Il faut voir les ſceaux que Monſieur du Cheſne a donnez dans les preuves des Hiſtoires Genealogiques des Maiſons de Chaſtillon, de Montmorency, de Bethune, de Guines, de Vergy, de Dreux, &c. Monſieur Juſtel entre les preuves de la Maiſon de la Tour. Mr. de la Roque dans celles de Harcourt. Monſieur du Bouchet en celle de Courtenay. Monſieur Guichenon en celles de la Maiſon Royale de Savoye & pluſieurs autres ſemblables.

Rodrigo Mendez Silva a remarqué en la description de la ville de Valence en Espagne, qu'il n'est permis à aucun pauvre de mendier s'il ne porte attaché au col un sceau des armoiries de la ville en plomb, & que c'est une Ordonnance de l'an 1593. *Decretaron l'año 1593. no pidiessen pobres limosna sin licencia de los seis jurados y que avian de llevar las armas de la Ciudad esculpidas en plomo al cuello pendientes pena de açotes.*

CHAPITRE XV.

Des Gentils-hommes de Nom & d'Armes.

POUR ne rien laisser à traiter de ce qui regarde, les Armoiries, je suis obligé d'expliquer ce que l'on entend par Gentilhomme de Nom & d'Armes, dont il est si souvent parlé dans les Statuts des Ordres honoraires establis par les Souverains, & dans les preuves de Noblesse qui se font pour estre admis en certaines Compagnies. Dans le Formulaire des preuves de Noblesse de Messieurs les Comtes de Lyon. Il est dit, *La descente, & extraction bien preuvée & avérée par les Contracts, titres & papiers, sera le nouveau Chanoine admis à produire tesmoins pour le reste de la preuve, en nombre de quatre pour le moins, sauf le plus s'il y échet, Gentilshommes de Nom & d'Armes, pour tels connus & reputez, sans aucun reproche, & qui ne soient ses parens ny alliez.*

Monsieur du Fresne du Cange a fait sur ce sujet une dissertation sçavante, qui est la dixiesme de celles qu'il a faites sur l'Histoire de Saint Loüis du Sire de Joinvile. Il avoit eu dessein de nous donner un Traité entier de l'origine, & du droit des Armes, qui auroit esté tres-sçavant & tres-curieux, mais ayant quitté cette entreprise, il nous a donné en dissertations ce qu'il en avoit déja preparé. Il rapporte quatre opinions differentes sur l'Interpretation des Gentilshommes de Nom & d'Armes.

La premiere est celle de Jean Scohier

en son Traité de l'Estat & comportement des armes, où il dit que ceux-là sont Gentils-hommes de Nom & d'Armes qui portent le nom de quelque Province, Bourg, Chasteau, Seigneurie, ou Fief Noble, ayant armes particulieres, encor bien qu'ils ne soient Seigneurs de telles Seigneuries.

La seconde opinion est de ceux qui tiennent que les Gentils-hommes de noms & d'armes sont ainsi appellez à cause de la profession des armes & non, à cause des armoiries.

La troisiéme opinion est de ceux qui croyent que les Gentilshommes de nom & d'armes, sont ceux qui portent les armes affectées au nom de leur famille.

La quatriéme qui est celle de Monsieur du Cange, est qu'estre Gentilhomme de nom & d'armes, est justifier son nom & ses armes par les quatre quartiers ou lignes de l'Ayeul, & Ayeule Paternels, & de l'Ayeul & Ayeule Maternels. Cette opinion est sans difficulté la plus juste de ces quatre, mais il faut remonter plus haut pour en trouver l'origine, & faire voir le rapport qu'il y a entre le nom & les armes à l'égard des Gentils-hommes, pour les faire Gentils hommes de Nom & d'Armes.

Il est certain que les Noms & les Armoiries des Maisons n'ont pas commencé devant l'an mille, comme l'ont reconnu tous les sçavans qui en ont recherché l'origine. André du Chesne, Spelman, Blondel, l'Epinoy, Chifflet, Fauchet, du Tillet, & l'experience mesme nous le fait voir, n'y ayant aucun titre plus ancien par lequel on puisse justifier l'usage des surnoms & des Armoiries.

Spelman mesme reconnoist que les Armoiries ayant commencé en Angleterre par les Normans qui suivirent Guillaume le Conquerant, plusieurs Gentilhommes estoient demeurez sans noms & sans armoiries jusques au temps de Henry VI. parce qu'ils n'avoient aucun Fief dont ils pussent prendre le nom, & ne s'estoient trouvez ny en guerre ny en Tournoy pour y prendre des devises comme les autres. *Nostrates postquam in Angliam penetrasset Wilhelmus primus, hunc Armorum cultum à Nor-*

à Normannis videntur accepisse, nec confestim vulgaris evasit, quod soli potiebantur, qui in acie consisterent, aliis, quantacumque nobilitatis, nihil prius insignium expetentibus. Hinc multis nec ignobilibus familiis sua defuere insignia, etiam usque Henrici sexti ætatem, ut videre est in Hastingiarum cum Ruthino Barone litium formulis. in quas iuratus quidam è stirpe nobili respondit nihil sibi insignium accidisse, quia nec ipse, nec majores sui in bellum unquàm descendissent Voila donc des Gentils-hommes sans armes. J'ay remarqué de cette sorte quelques anciens tombeaux de Gentils-hommes, sur lesquels il y a des écussons vuides parce qu'ils estoient sans Armoiries, & le mesme Spelman assure qu'apresent mesme il y a plusieurs Gentils-hommes en Irlande qui n'ont point encore d'Armoiries. *In Hybernia plurimi habentur nobiles e primariis familiis etiam nunc dierum asymboli. In Aspilogiâ cap. de Clypeo Regio Scotorum.*

Il y a peu de familles en Suede qui ayent des sur-noms, & les Gentils-hommes s'y nomment encore de leurs noms propres, joints aux noms de leurs Peres & de leurs Ayeux à la maniere des Grecs. Aussi Locenius qui a fait l'Histoire de Suede ne designe les principaux Gentilshommes du temps de Gustave I. que par leurs noms propres & les noms de leurs peres : *Magnus Nicolai*, *Gustavus Erici*, *Bruno Benedicti*, *Erricus Abraham*, *Erricus Ioannis*, *Olaus Beronis*, &c. Il n'y en a qu'une douzaine à qui il donne des sur-noms. *Ericus Ryningius*, *Ioachimus Brabeus*, *Ericus Kusius*, *Ericus Banerius*, *Nicolaus Bromsius*, *Olaus Bondius*, *Benedictus Biuggius*, *Severinus Norbyus*, *Ioannes Braschius*, *Nicolaus Grabius*. *Henricus Ranzovius*, *Nicolaus de Tosta*, c'est la maison du Comte de Tot, *Canutus Folchungus*, *Birgerus Ierl*. *Iuarus Blaa*. La plupart de ces maisons sont étrangeres établies en Suede, comme les Rantzou sont du pays de Holstein. En la creation de Gustave deux seuls Senateurs ont surnom, *Bernardus Milius* & *Tordo Bondius*, les autres sont *Petrus Erlandi*. *Axelius Andreæ*, *Canutus Andreæ*, *Petrus Ioannis*, *Bero Claudii*,

Ivarus & Ericus Flamingii. Voilà des Gentilshommes ſans noms de famille. Donc au commencement Gentilhomme de nom & d'armes, ſignifioit un Gentil homme, qui avoit un nom de famille & des Armoiries, qui le diſtinguoient des autres, puiſqu'il y avoit en ces temps-là des Gentilshommes qui n'avoient encore ny l'un ny l'autre.

Secondement Gentilhomme de nom & d'armes, ſignifie un Gentilhomme dont le nom & les armes ſont connuës, parce que pour eſtre receu aux Tournois il falloit eſtre reconnu pour Gentilhomme, ce qui ſe faiſoit par les regiſtres des Herauts, qui avoient les noms & les Armoiries des plus illuſtres familles de toutes les Provinces, & quand le nom & les armes de ceux qui ſe preſentoient aux Tournois eſtoient ſur ces regiſtres ils eſtoient reconnus pour Gentilshommes de nom & d'armes connus. A Veniſe tous les nobles ſont obligez de faire écrire tous les noms de leurs enfans dans le livre public de la Nobleſſe, ou avec le temps ils ne ſeroient pas reconnus pour Nobles, ſi leurs noms ne s'y trouvoient pas.

En Espagne ces sortes de Gentilshommes se nomment *Hidalgos de Solar conocido*. C'est à dire dont la maison est connuë. Hernando Mexia en fait de trois sortes. La premiere de ceux qui sont Seigneurs d'vne terre, d'une maison forte, d'un fief, ou d'un chasteau, dont le nom est celuy de la famille. *La primera por aver sido señores de algun Solar, Villa, Lugar, Castillo, o casa fuerte que corresponda al apellido de sus linages*. Les exemples qu'il donne sont les maisons *de Guevara, Lara, Mendoça, Guzman, Mexia, &c.* La seconde est de ceux qui pour s'estre trouvez à la prise de certaines Villes & de certaines forteresses en portent les noms, comme les Ponces de Leon, les Avilas, les Toledes, les Cordoües, & les Caceres, La troisiéme est de ceux qui pour avoir long-temps habité en certains lieux sont reconnus pour estre de ces lieux-là, comme les Mendozas de Guadalaxara, & les Mendozas de Tolede.

Otalora dit au contraire qu'estre *Hidalgo de Solar Conocido*, c'est posseder de temps immemorial un fief que l'on a eu de pere à fils, & que l'on tient de ses ancestres. La loy de la Partida donne à ces sortes de fiefs le nom de *divisa* ou de partage.

Vargas dit qu'estre *Hidalgo de Solar Conocido*, c'est estre d'une maison qui est communement reconnuë de tout le monde pour noble quelque fief qu'elle possede. Et que comme la Noblesse n'est pas une chose sensible, il l'a fallu montrer par quelque chose qui le fut, & qu'on a choisi pour cela les maisons ; ce qui fait dire, il est d'une telle maison, de la maison de Lara, de la maison de Guzman, &c. les autres Nations ont le mesme usage. Nous disons tous les jours il est de la maison de Montmorency, de la Maison de la Trimoille, de la maison de Rohan, de la maison de Bethune. Les Venitiens font le mesme & disent, *Cà Foscari, Cà Iustiniani*, *Cà Morosini*, pour *Casa Foscari, casa Iustiniani, &c*. C'est mesme le style de l'Escriture, qui dit que l'Ange Gabriel fut envoyé de la part de Dieu en vne Ville de Galilée appellée Nazareth à une Vierge qu'un homme de la maison de David nommé Joseph avoit épousée :

Missus est Angelus Gabriel à Deo in civitatem Galilaea, cui nomen Nazareth ad Virginem desponsatam viro, cui nomen erat Ioseph, de domo David. Luc. 1. Les anciens Autheurs Latins se servent aussi de ces termes, *Domi nobilis* pour un homme dont la Noblesse est connuë. Justin parlant de Trasybule dit *inter exules Trasibulus vir strenuus, & domi nobilis. l. 5.* Et Ciceron parlant de Heraclius de Syracuse fils de Hieron: *Heraclius est Hieronis filius Syracusanus, homo in primis domi nobilis. Act. 4. in Verr.*

Or comme ce sont les noms & les Armoiries qui distinguent les familles, & qui nous les font connoître. C'est estre Gentilhomme de nom & d'armes que d'estre connu par l'un & par l'autre: ce qui n'appartient guere qu'aux maisons celebres, comme sont en France celles de Rohan, de Montmorency, de la Trimouille, de Clermont, de la Tour, de Coucy, d'Estaing, de Brienne, de Villers, de Chastillon, de Vergy, de la Baume, de Joyeuse, d'Amboise, de Roye, d'Ailly, de Luxembourg, de Crequy, & grand nombre d'autres qui se connoissent d'abord qu'on les nomme, ou quand on void leurs Armoiries.

Outre cette maniere d'estre connu par le nom & par les armes, il y a celle des preuves de Noblesses par titres, & par écritures qui font voir les veritables Gentilshommes, quand ils peuvent produire leurs quartiers paternels & maternels sans aucun reproche de roture : Or il est certain que Gentilhomme de nom & d'armes n'est pas toûjours celuy qui peut faire ses preuves de tous les quartiers, puis qu'il y a dans les Provinces les plus reculées, beaucoup de Gentilshommes qui pourroient faire ces preuves, qui cependant ne sont pas tenus pour Gentilshommes de nom & d'armes, parce que ny leurs noms, ny leurs Armoiries ne sont pas connus, & quand au chapitre 21. du quatriéme volume de Froissart le Truchement d'Agadinquor dit à Affrenal, *Chrestien, estes vous noble homme de nom & d'armes*, il ne vouloit pas luy dire, pouvez vous produire vos huit, & vos seize quartiers; mais seulement, estes vous d'une Noblesse illustre & reconnuë parmy les vostres. Aussi quand Affrenal luy repondit qu'il dit au Sarasin qui le faisoit parler, qu'il amenât de son costé dix hommes qui fussent tous Gentilshommes de nom & d'armes, il ne luy demandoit pas qu'ils pussent faire preuve de Noblesse, puisqu'il leur eust esté bien difficile; mais il demandoit seulement qu'ils fussent reconnus pour Gentilshommes parmy les leurs. Aussi le Sire de Coucy qui n'approuva pas l'acceptation de ce deffy, se contente de nommer les Nobles qui s'estoient offerts pour cette entreprise Gentilshommes de nom. Je tiens donc qu'un Gentilhomme de nom & d'armes est celuy dont le nom & les Armoiries sont bien connus, soit qu'ils puisse prouver ses huit ou seize quartiers, ou qu'il ne puisse les prouver; Car il y a bien des Gentilshommes, & de grands Seigneurs qui se sont mesalliez, qui n'ont pas cessé d'estre Gentilshommes de nom & d'armes pour n'estre plus en estat de prouver leurs quartiers, & ce defaut n'empesche pas toûjours qu'ils ne soient receus Chevaliers, quoy qu'il empesche qu'ils ne soient receus Comtes de Lion. Enfin quand Froissart nomme un bon François, François de nom & d'armes, il ne veut pas dire un François qui peut prouver par ses quartiers qu'il soit François du costé paternel & maternel, & du costé de ses Ayeux & Ayeules; mais seulement qu'il est reconnu par son nom & par ses armes estre François. C'est en ce mesme sens qu'il faut entendre le statut des Comtes de Lion; ils ne demandent pas que les temoins fassent leurs preuves de seize quartiers devant que d'estre receus pour témoins, ny mesme qu'ils les puissent faire; mais seulement qu'ils soient connus, & tenus pour Gentilshommes sans reproche.

Le troisiéme sens que l'on peut donner à cette qualité de Gentilshommes de nom & d'armes, est de ceux qui avoient droit de porter banniere ou pennon dans les armées, parce qu'estant la coustume de mettre les Armoiries dans les bannieres & dans les pennons, & de crier le nom de ceux qui portoient ces bannieres & ces pennons pour se rallier. C'estoit estre Gentilhomme de nom & d'armes que d'avoir pennon ou banniere. Ainsi Chandos, & Mauny, estoient Gentilshommes de nom & d'armes pour le party des Anglois, comme nous voyons dans Froissart, puisque les Princes mesmes se rangeoient sous leurs bannieres, & crioient leurs noms. Par-là les noms & les Armoiries des Chevaliers estoient connus, & par-là ils se distinguoient des autres Gentilshommes qui n'avoient pas le mesme droit. Je ne doute point que ces trois choses ne soient l'origine des Gentilshommes de nom & d'armes.

A Gennes on pourroit donner un quatriéme sens à cette qualité de Gentilhomme de nom & d'armes, & l'entendre de ceux qui sont des vingt-huit familles, ausquelles toutes les autres furent agregées, puisque plusieurs de ces familles agregées ayant pris le nom & les Armoiries de ces vingt-huit ne se faisoient plus connoitre par des noms, ny par des armes qui leur fussent propres, & qu'ils eussent receu de leurs Ancestres.

A Venise on pourroit dire que ce

sont les maisons Badoere, Morosini, Micheli, Sanuti, Mori, Contarini: Capelli, Dandoli, & quelques autres de mesme ancienneté qui font les Gentils-hommes de nom & d'armes, parce qu'ils distinguent ces anciens Nobles des deux crûes que l'on en fit, lorsque le peuple se rendit maistre de la Republique, & lorsque la necessité des affaires les obligea de recevoir des Bourgeois dans le conseil. Ils ont aussi depuis les guerres de Candie créé de nouveaux nobles, qu'ils appellent par mépris *Nobili da Besci*, c'est à dire faits par argent, parce qu'ils ont acheté leur Noblesse.

A Florence on pourroit aussi nommer Gentilshommes de nom & d'armes ceux qui estoient reconnus Gentilshommes avant la revolte du peuple, qui en obligea plusieurs de changer de nom & d'armes & de se mettre dans l'estat populaire.

A Naples on pourroit nommer Gentilshommes de nom & d'armes, ceux qui estoient de l'un des cinq sieges, ou s'assembloient tous les Gentilshommes. parce que là leurs noms & leurs Armoiries estoient conservez.

En Allemagne un Gentilhomme de nom & d'armes est celuy qui est dans le cercle d'une Province. Ainsi il y à la Noblesse de Franconie, de Saxe, de Carinthie, de Baviere, &c. l'Armorial Allemand de Sibmacher les a distinguez de cette sorte. Mais Furstén y a meslé la nouvelle Noblesse, & la Noblesse étrangere dans les trois nouveaux volumes qu'il a ajoûtez aux deux premiers,

Les Armoiries de toutes les maisons nobles de la Franconie sont peintes dans une sale du Chasteau de l'Evesque de Vvirtsbourg qui est Duc de Franconie.

En Portugal on pourroit nommer Gentilshommes de nom & d'armes ceux dont les Armoiries sont peintes au Chasteau de Sintre, dont j'ay parlé ailleurs.

Aux Pays-Bas l'Archiduc Albert declara par un Edit quels estoient les Gentilshommes de nom & d'armes: *Ceux qui sont extraits d'ancienne noble race de sang, & maison, ou ceux dont les pere & ayeul paternel, & eux auront vécu publiquement comme per-*

sonnes nobles, & pour tels auront esté communement tenus & reputez, ou qui ou leurs predecesseurs paternels en ligne droite masculine, auront esté honorez de nosdits ancestres, ou de nous du degré de Noblesse, par Lettres patentes d'anoblissement sur ce depeschées, ou qui à cause de leurs estats, Offices ou Charges, ou de celles de leurs peres, ou ayeuls paternels ont droit de ce faire respectivement, pourront seuls, & nuls autres prendre ou s'attribuer la qualité de Noble, Escuyer, ou autre titre de Noblesse, porter publiquement, ou en privé Armoiries tymbrées, soit en leurs seels, cachets, tapis, ou autrement, & en leurs sepultures, funérailles, ou autres actes publics, user de ceremonies, ou honneurs appartenans aux nobles.

Il y a donc trois rangs à distinguer, le 1. est celuy de l'Anobly de nom & d'armes, c'est celuy qui est anobli par Lettres & par patentes du Prince qui luy donne nom & Armoiries par ou sa Noblesse puisse estre connuë. Le 2. est le Noble de nom & d'armes qui est fils de l'anobly. Le 3. est le Gentilhomme de nom & d'armes qui est fils du Noble de nom & d'armes, ce que l'on peut appeller Noblesse personnelle, qui commence. Noblesse de naissance, qui croist, & Noblesse de race qui est parfaite. On distingue encore en France la noblesse de robe, de la noblesse d'épée, la nouvelle de l'ancienne, la grande de la petite, & la noblesse de naissance, de la noblesse d'office & de dignité.

Aux anciens Tournois nul ne devoit se presenter qui ne fust reconnu Gentilhomme de nom & d'armes, c'est à dire tenu pour tel, & reconnu par les Herauls, ou par d'autres Gentilshommes reconnus pour tels qui en rendoient témoignage, d'où est venu la pratique des preuves de noblesse par deposition de témoins receuë dans les Ordres de Chevalerie pour y estre admis, & dans les Chapitres d'Allemagne, de Lion, de Brioude, & de saint Claude en Franche-Comté. La description des Joustes de Chauvency de l'an 1285. le dit expressement.

Aprés vint la cinquiéme jouste,
De coi Cuer failli ne gouste.

Car trop est ruste & resthigné
Si sort de mauvaise ligné,
Ne se mettra à tel mestier
Que li dovroit d'or un sestier,
Ne por Paris ne voudroit estre,
Mais cel qui est de bon ancestre
Nais & atrais de tous les caux,
Et à de volonté cent taux.

CHAPITRE XV.

Origine des noms des Familles.

LES noms des Familles ne sont pas plus anciens que les Armoiries, n'y ayant jamais eu que les Romains chez qui les maisons ayent eu des noms pour se distinguer les unes des autres. Encore ces noms estoient les noms propres des personnes les plus illustres de la race qui devenoient Patronimiques, ce qui se pratiqua aussi parmi les Grecs à l'égard de quelques Familles Souveraines, comme celles des Heraclides, des Seleucides, des Æacides, & quelques autres semblables. On ne distinguoit les personnes que par leurs noms propres joints à celuy de leur pere, comme *Alexandre de Philippe*, *Pierre de Iean*, *Gilles de Robert*, *&c.* Dans les anciens titres au dessus de l'an mille on ne trouve pas les personnes designées d'une autre sorte, & l'Espinoy a remarqué qu'en Flandres l'an 1202. l'usage des Armoiries estoit déja introduit, & les surnoms ne l'estoient pas, puisqu'il a trouvé des actes de ce temps-là où pendent des Sceaux avec des Armoiries de quelques familles connuës, sans qu'il y ait d'autres noms que *Abraham filius Balduini*, *filii Abrahæ*, *Ioannes & Philippus filii Alexandri*, *&c.* C'est de là que les Prelats ont retenu l'usage de ne mettre que leur nom avec celuy de leurs Eveschez dans les souscriptions des Conciles Generaux, & des Sinodes Provinciaux, parce que durant six siécles entiers tous les Evesques n'avoient pas signé autrement. Voicy les premiers qui ayent ajoûté le nom de leurs familles, Archambaud de Sully Archevesque de Tours 986. Raynaud de Vendosme, Evesque de Paris 988. Ponce de Marignane à Arles 1000. Adalberon de Luxembourg, Archevesque de Treves 1005. Ermengaud de Narbonne, Archevesque de Narbonne 1010. Bouchard de Bourgogne, Archevesque de Lion 1025. Rostain de Marseille, Archevesque d'Avignon 1040. Tous ces noms sont noms de Terres, qui n'estoient que des plus grandes familles.

Je trouve plusieurs sources des noms des familles. 1. Les *noms propres*, qui sont devenus Patronimiques, c'est à dire noms de race. 2. Les noms des *Terres*, *Fiefs*, *Possessions*. 3. Les noms composez des *noms propres* & des noms des *Terres*. 4. Les noms des *Charges*, emplois, dignitez, & fonctions exercées. 5. Les noms pris des bonnes ou mauvaises qualitez du corps ou de l'esprit. 6. Les noms pris des plantes, fruits, fleurs, animaux, & autres choses naturelles. 7. Les noms pris des Arts, mestiers & exercices Mechaniques par sobriquets. 8. Les noms des Pays, Villes, Provinces. 9. Les noms tirez de certains evenemens. 10. Les noms des Saints.

Les noms propres sont sans difficulté les plus communs de tous les noms des familles, parce qu'estant les noms des personnes il a esté aisé de les faire passer à toute la famille, particulierement en certaines maisons, où l'on a souvent affecté de faire passer le mesme nom de pere à fils. En Dauphiné il y a les maisons de *Martin* Champoleon, de Guiffrey, d'Isnard, de Bremond, de Bernard, d'Eme, de Gregoire, de Grimaud, de Galbert, de Dydier, de Gerard saint Paul, de Richard, de Salvaing, d'Artaud, &c. En Provence, Albert, Albertas, Adhemar, Aymar, Thomassin, du Laurent, Constantin, Gerard, Astovaud, Paul, Felix, &c. Toutes les autres Provinces en sont pleines. Ces noms sont les plus communs en Espagne, *Lopez*, *Gomes*, *Ruiz*, *Rodriguez*, *Perez*, *Sanchez*, *Gonzalez*, *Martinez*, *Velasquez*, *Paez*, *Nunes*, *Alvarez*, *Muniz*, *Muños*. *Ximenez de Simon*, *Gutierrez*, *Dias*, *Osorio*, *Lainez*, *Ibanes*, *Enriquez*, *Mendez*, *Blasco*, *Suares*, *Iniguez*, & une infinité d'autres.

En Italie plusieurs noms qui semblent fort extraordinaires sont noms propres comme *Aldobrando*, & *Aldo-*

brandino, & les Sincopes de ces noms *Brando* & *Brandino*, *Gualterotti*, *Spada*, *Rinaldi*, *Perino*, *Petrino*, & *Petrucci*, de Pierre, *Arrigho*, *Arrighone*, & *Arrighucci* de Henry. Ils ont vne infinité de Sincopes, ou abregez de noms, *Tolomeo*, & *Meo* de *Bartolomeo*, *Teo* de *Mateo*, *Mazo* & *Mazino*, de *Tomazo*, & *Tomazino*, *Nardi*, & *Nardino*, de *B rnardo* & *Bernardino*, *Lippo* de *Filippo*, *Pucci*, *Puccino*, de *Vespuccio*, & *Vespuccino*, &c.

Nous avons aussi en France quantité de noms propres qui ne semblent plus l'estre, comme Aubry d'*Albericus*, Oger, Ogier, Bertrand, Soyer de *Sigerus*, Archembauld, Ardoüin, Maury, Mauroy, Amaury d'*Almericus*, Cherard, Charard, Cherardie, de *Chardus*, Rostain, Leotard, Lietart, Leotaud, Liataud de *Leotardus*, Faulques, Falques, Falcos, Falcon, Falconet, Fouquet, de *Falco*, & *Fulco*, Antoing, d'*Antonius*, Amblard, Clerembaut, Clairaunay, Gombaud, Gontaud, Godard, Gotart, Guyet, &c. Chauve, Chauvet, Chauvigny Chauvin, de *Calvus*, *Calvetus*, *Calvinius*,

Calvinus, on en trouvera une infinité d'autres en lisant les vieux titres.

Aux Pays-bas plusieurs familles ont retenu des noms propres ausquels elles ont ajoûté le titre de *Ser* Sire *Dominus*, comme *Sersanders*, Sire André, *Sersimons*, *Serieustaes*, Sire Eustache, *Sermachelins*, *Serlippens*, *Serthomas*, *Servoulters*, Sire Michel, Sire Philippe, Sire Thomas, Sire Vaultier ou Gautier.

En Angleterre tous les noms qui se terminent en *Ston*, & ceux qui commencent en *fits* sont noms propres ausquels le nom de fils est ajoûté, comme *Andreston* fils d'André. Les uns sont noms Normans, comme Fits-Vvater, Fits Marmaduck, Fits-Roger. Fits-Hebert, Fits-Robert, Fits Filipp, &c. Les autres sont Saxons, Carleston, Beeston, Gaveston, &c. En Italie Filomarin, *filius Marini*, Filipetri, Filicaii, Firidolfi, Figiovanni.

En Irlande ou *Mac* signifie Fils-Mac, Mahon, Mac Donell, Mac Carty, Mac Enes, Mac Cartan, Mac Swine, &c.

Les noms des terres, fiefs, & possessions sont tres communs, comme la

Mothe, la Poype, la Buissiere, la Buisse, la Haye, la Vernaye, la Chasteigneraye, la Saussaye, Launay, la Chesnaye, Du Tremblay, Estrées, Rovorée, la Ravoire, les Landes, Champsaur, Champlastreux, Champdivers, Villiers, Villars, Haurvillart, Molart, Chastel, Castel, la Tour, du Puy, du Pugger, Poyet, Pougget, de *Podium & Podietum*, tous ces noms & quantité d'autres, sont noms qui expliquent la qualité & la situation des Terres, fiefs & Domaines. La Mothe, la Combe, & Puy sont des lieux élevez. Estrées vient de *Stratum*, dont les Italiens ont fait *Strada* chemin. Rovorée est *Roboretum*, lieu planté de chesnes, l'Aulnay vient d'*Alnetum* lieu planté d'aulnes. La Marteliere est une prise d'eau pour un moulin, &c. Brueil, Briord, Broglia, Broglio, de *Briolium*, & *Broilum*, Noüailles & Navailles à *Novalibus* & *Navalibus*, la coste, l'Isle, Repaire, Platiere, la Place, Desfossez, des Bains, du Rivage, de Rives, Ribera, Ribadeneira, &c.

Les noms propres joints avec ceux des fiefs, ou de la situation des fiefs sont les plus communs. Comme Montmorency, *Mons Morancii*, Monteinard en Dauphiné, *Mons Ainardi*, Beauffremont *Beffredi mons*, Champremy, *Campus Remigii*, Thibourille, *Theobaldi villa*, Boulainvilliers, *Bolani villarium*, Aubericourt, *Alberti curtis*, Chasteau-brient, *Castrum-brientii*, Roque Martine, *Rupes Martini*, Vauferrand, *Vallis Ferrandi*, la Ferté-Milon, *Firmitas-Milonis*, Pont-Rohart, *Pons Rothardi*, Roche-Foucaud, *Rupes Fulcadi & Fulcatii*.

Une trentaine de ces noms de fiefs, & de possessions joints aux noms propres, ou à la qualité du sol, & de la possession, font plus de vingt mille noms propres, en voicy quelques uns qui pourront servir d'exemples pour y rapporter les autres.

Pré, Verpré, Grand pré, Cantimpré, Pracomtal, Pradel, Preaux, *Prateolum* *Val*, Valcroissant, Vauclose, Vaugrigneuse, Vaucouleurs, Vautravers, Vauxbois, Vauderar, Vaugris, Valbonne, Vaugelas, Vauserre, Bonival, Bonevaux, Longueval, Clairvaux, Blerenval, Margival, Amerval, Anneval, Valernod, *Vallis Arnaldi*, des Vaux, *de Vallibus*, Valbenoite, la Valsiniere,

Valimbert, Vaulbonnois, Vauferrand, Vaubertrand, Vaugirard, Vaucler, Vauchelle, Beauvau.

Court, eſt un ancien terme du Latin *Curtis*, uſité dans tous les anciens titres M. Saumaiſe, *Cohortes poſteà cortes & curtes, plura ædificia cum horto juncta, ſic dicebantur & σύγχορτα*. On nomme encore en quelques Provinces les Jardins des *Curtils*. Dans les actes du Monaſtere de Murs en Suiſſe. *In ButWyl habemus duas* Curtes, *ſed tamen melius eſſet ut ſub uno villico eſſent quam ſub duobus, bona, & utiles in agris & pratis & ſilvis*. Ce terme eſt là pris pour une poſſeſſion entiere, c'eſt l'origine de la pluſpart des noms de Lorraine, de Flandres, de Champagne, de Normandie, & de Picardie.

Lenoncourt, Araucourt, Harcourt, Hericourt, Gouſſancourt, Pouppaincourt, Brucourt, Saucourt, Hemericourt, Vignacourt, Houdancourt, Halincourt, Gaucourt, Henencourt, Hamelincourt, Jaucourt, Bettancourt, Nettancourt, Baudricourt, Aubericourt, Amoncourt, Court Dimanche, *Curtis Dominica*, &c. Courcelles, *Curtis cella*, Curtilles.

Ville, ce terme n'eſt pas moins commun dans la Picardie, & ſon voiſinage que celuy de *Court* en Lorraine, & comme il ſignifie en Latin la meſme choſe que *Curtis*, *Villa* a eſte joint à pluſieurs noms propres, ou à pluſieurs attributs, de là ſont venus les noms de *Gerardi villa*, Graville, Tancarville, *Tancredi Villa*, Jainville ou Joinville, *Iani Villa* ou *Ioigny ville*, Thionville, *Theodonis villa*. Odonville, Abbeville *Abbatis Villa*, Auſſonville, Merinville, Meninville, Marville, Surville, Courville, Dinteville, Eſtouteville, Quenville, Ambleville, Ambreville, Dampville, *Domini villa* Caillarville, Carville, Frãconvile, Grãdeville, Heauville, Genouville, Haquenonville, Marqueville, Morinville, Vieuville, Neufville, Blanville, Bacqueville, Rouville, Hauteville, Frinville, Fredeville, Auberville, Grimonville, Thibouville, Villegagnon, Villeſavin, Villandry, Villehardoüin, Villautray, Villemor, Villeneuve, Villequier, Villebois, Villeverte, Villemur, Ville-Franche, Ville-Dieu, Villemontée, villeblanche, Villebreme, Villette, la villette.

Villar

Villar & Villiers de *Villarium* qui signifie la mesme chose, de là Du Villart, Des Villarts, De Villars, Villarbonod, Arvillars, Du Hautvillart, Villarseau, Villars-Seyssel, &c.

Villiers en Artois, en Flandres, en Brie, en Bourgogne. &c.

Villiers Saint Paul, Villiers là Faye, Villiers de Saux, Beauvilliers, Harquinvillers, Boulainvilliers, Damvilliers, Gravilliers, Granvilliers.

Terre, Louguеterre, Aubeterre, Nanterre, Montaterre.

Champ, Longchamp, Beauchamp, Grandchamp, Champdivers, Clinchamp, Autichamp, Champleci, Champdenier, Champeau, Champar, &c.

Pont. Pontallier, Pontevez, Pontcourlé, Pontpierre, Pontplancoet, Pontrohart, Pontchasteau, Vieuxpont.

Isle, L'Isle, Des-Isles, l'Isle-Adam.

Rive, Bellerive, Hauterive, Longerive, Sommerive, Riverie, Rivedieu, Rivegorce.

Port. Duport, Nieuport, Bonport.

Lieu, Vasselieu, Visselieu, Beaulieu, Grandlieu, Bonlieu, Boulieu, Saulieu, Satilieu.

Combe, Longecombe, Hautecombe, Bellecombe.

Ce mot ne vient pas de *Gumba* grotte, comme l'a écrit M. Menage : mais d'*Incumba*, aussi signifie-t'il la descente d'un monticule, *quà mons incumbit*. Et Vitruve donne ce nom à cette partie des Arceaux d'Architecture, qui s'appuyent sur les colomnes, & sur les pilastres, nous la nommons imposte.

Lac, Beaulac, Grandlac.

Estang, Nerestang.

Chemin, Beauchemin, Lonchemin.

Aqua, Aquaviva, Aygue-Perse, Aygues-Mortes, Aix en Provence, en Savoye, en Dauphiné, en Forest, & en plusieurs autres Provinces, Entragues, *inter aquas*. Et en plusieurs Provinces. Belleau, Bordeau, & Bordeaux en divers lieux.

Font. Fontanges Fontenay en plusieurs Provinces. Saintfont, Sanfont, Bellefont.

Ferté. La Ferté-Imbaud, la Ferté-Senneterre, Frette, la Frette de *Firmitas*.

Plessis. Plessis Richelieu, Plessis Iosso, Plessis Liancourt, Plessis Guenegaud, Plessis Pralin, Plessis Beliere, Plessis

Besançon, Plessis Baudoüin, Plessis Anger, Plessis Bourgonniere, Plessis au Chat, Plessis Nison, Plessis Patté, Plessis Hogueral.

Puy. Puy du Fou. *Podium Fagi*, Puy Vatan, Ampuy, Ample Puy *Amplum podium*. Puy Greffier, Puy Laurens, *de Podio Laurenty*, Puy Daval, Puy Quarreau, Puy Basclé, Du Puy de Digny, Puy Lobier, Puy Morin, Puget, Poët, Poyat. *Podietum*.

Molart. Du Mollart, Des Mollarts en plusieurs provinces.

Ce mot signifie aussi une petite éminence, que les Savoyards nomment encore aujourd'huy un *Molart à Mole*.

Mont. Miremont, Montpezat, Revermont, Montrelais *Mons relaxus*. Aspremont, Montchenu, Monchal, *Mons calvus*. Montaigu, Montfort, Mongenet, Montrond, Montd'or. Montalte, Montausier, Montrichard, Montribloux. Offemont, Blammont, Beaumont, Grammont, & mille autres.

La Mothe signifie une petite éminence dans les provinces de France, ce qui a rendu ce nom tres-commun aux familles. La Mothe Houdancourt, la Mothe le Vayer, la Mothe S. Vincent, la Mothe Brion, la Mothe Aigron, la Mothe Fenelon.

Mur. Villemur, Semur, *sine muro*, My-Mur, Murols, Mureil, Murard, Murat, la Mure.

Buisson, Bussy, Bussiere, la Bussiere, Busseul, la Buisse, du Buisson, Maubuisson, Buissonniere. Brosse, des Brosses, Broissia.

Balme, signifie une Grotte, ou la cavité d'un Rocher, ainsi nous appellons l'antre où la Magdelene fit penitence, *la Sainte Baume*. Ce nom est commun à plusieurs familles, qui ont tiré leur origine des provinces où il y a quantité de ces grottes; ainsi en Dauphiné nous trouvons la Baume Cornilliane, la Baume d'Hostun, la Baume de Suze, la Balme des Mares, la Balme Monchalin, la Baume Chasteaudouble.

En Bresse la Baume Montrevel, la Balme, Du Balmet.

En Provence Des Baumes, De Baumettes

Fort, Du Fort, Beaufort, Hautefort, Monfort, Blanchefort, Fortin, &c.

Roche, ce nom est tres-commun dans les pays montueux, & on le trouve souvent joint à des noms propres, comme Roche Choüart, *Rupes Cavardi*. Roche Foucaud, *Rupes Fulcaldi*, ou Roche Foucault, *Rupes Fulcalty*. Rochefaton, Rochebaron, Rocheflavyn, Roche sur Yon, Rochetaillé, Rocheaymont, Rochefort, presque en toutes les provinces, Rocheblave, Rochepot, &c.

Les Languedociens & les Provençaux l'ont changé en *Roque*, en sorte que ce terme peut estre caractere de Province. La Roque, Roque Martine, Roqueveyre, Roquefueil, Roquemaure, Roquelaure, Roquespine.

Pierre, Pierreclos, Pierrecise, Pierregourde, Pierrebuffiere, Pierrefite, Pierrefeu, Pierrecloud, Pierrebeniste, Pierrechastel, Pierrelate, Ribaupierre, Albepierre, Cipierre, Bassompierre, Hautepierre.

Saix de *Saxum*. Le Saix, Du Saix. *Le surnom de Saix s'estend sur plusieurs Maisons Nobles de l'une & l'autre Bourgogne, & pays adjacens*. S. Julien Meslanges. Histor. p. 510.

Bourg, Du Bourg, Luxembourg,

Oldembourg, Mariembourg, Bourgneuf.

Bois, du Bois, des Bois, Boisbaudran, Boisgelin, Boisjegu, Boisboissel, Boiseon, du Bouchet, du Bouchage. *Silva*, *Silveria*, *Silveira* en Espagne. *Bosco* en Italie. Bousquet.

Manse de *Mansum* demeure. Amanse, en Bourgogne, de Manse en Languedoc. Du Mas en plusieurs provinces, les Provençaux nomment encore leurs granges, des Mas, particulierement ceux d'Arles. Du Mas, du Mazet, du Mazel.

Bastie, la Bastie, de la Bastie presque en toutes les Provinces, Bastide, le nom est demeuré aux Mestairies de Marseille, si celebres pour leur nombre.

Hortus changé en *or* ou *ort* ou *ors* dans les terminaisons. Gisors.

Ainsi l'Or Abbaye de Poitiers est nommée dans les vieux titres. *Hortus Pictaviensis*.

Machau est une grange en vieux langage. Voyez M. Menage.

Mesnil habitation de la Du Mesnil, Boismenil, Blancmenil.

Moustier *Monastere* de la Du Monstier, Noirmonstier, Marmonstier.

Bivier, Beyviers, de *Biviarium* Montbive *Mons bivius*.

Vonne signifie une fontaine en langue Celtique, de la Vivonne, Divonne, aussi Vivonne porte pour armes trois fasces ondées.

Vicus village, Vibraye *Vicus ad Brayam* Neuvi *Novus Vicus*, Longvic *Lorgvicus*. Moyenvic, *Medius Vicus*, Vic sur Ayne, Vic sur Gartampe. De Vic, ce nom est plus commun aux Anglois & aux Allemans, Norwick, Barwick, Brunsvic *Brunonis vicus*.

Size, De Size, en quelques endroits de Dauphiné on nomme une descente *de Size*.

M. Menage estime en ses Origines que les terminaisons en *i*, en *é* & en *Ac*, viennent de l'ancien *acus* & *acum*, qui signifie maison ou demeure, & que ces noms *Marcillac*, Aubignac, Florensac, sont ainsi dits quasi, *Marcelli Acus*, *Albini acus*, *Florenty acus*. Il allegue pour garand de son sentiment la maison des champs du Poëte Ausone nommée *Lucaniacus*, *quasi Lucani acus*. Que Paulin appelle *Fundus Lucani*.

Villâ Lucani mox potieris aco.

M. Chorier reconnoit cette origine en son Histoire de Dauphiné liv. 4. §. 9. où il dit, *Acus signifie une pointe, & alors ce mot estoit appliqué aux bastimens elevez & accompagnez de tours, comme l'estoient ceux des puissantes familles.* Il ajoûte à cette remarque celle de Strabon, qui dit que les Gaulois élevoient fort leurs maisons, & qu'elles finissoient d'ordinaire en pointe, ce qui sert encore à appuyer cette verité. Il donne en suite une partie des exemples en *ieu* que j'ay alleguez, qu'il rapporte aux noms Romains comme Cresencieu à *Crescentius* Quirieu, & Curieu à *Curius*, Chessieu, & Cessieu à *Cassius* Venissieu à *Venicius*, &c.

Le mesme *acus* se trouve changé en *ay* en diverses Provinces, comme Chastonnay en Dauphiné allegué par le mesme autheur sur la foy des anciens documens qui le nomment *Catoniacus*, comme *Catonis acus*, Commenay en la mesme Province de *Cominii acus*, c'est peut-estre aussi l'origine de Salornay, Ambournay, Saconay, Launay, Blonay,

Blonay, Satonay, Chapponay, Chastenay, Arconay, Harlay, Chaudenay, Andenay, Arbonay, Clairaulnay, Marconay, Cambray, Annonay, Parthenay, Bonay, Courtenay, Chenay, Corſeray, Coſſonnay, au pays de Vauds.

Les Bourguignons ont changé cette meſme terminaiſon en y, ainſi ils ont fait de *Cluniacum* Clugny, de *Pontiniacum* Pontigny, & à leur imitation, Demigny, Fitigny, Perrigny, Ugny, Chagny, Saligny, Salagny, Coligny nommé *Coloniacum* dans les vieux titres, Marcigny, Poligny, Ragny, Flavigny, Pagny, Campergny, Magny, d'autres Pays ont ſuivi leurs exemples, Albigny, & Irigny prés Lion, Aubigny en Berry, Baſſigny, Champigny, Precigny, Chavigny, Baubigny.

Quelques autres l'ont changée en é particulierement les Bretons, comme Acigné, Aubigné, Azeré, Argentré, Berzé en Bourgogne, Yzoré en Poitou, Amanzé en Bourgogne.

Les Bretons en *Ec*, Goetmenec, Kergournadec, Kermadec, Roſinadec, Gourvinec, Plorec, Quellenec, Pluſquellec, le Pennec.

Les Bressans, & la Comté de Bourgogne la plus voisine de la Bresse, l'ont changé en *ia*, aussi ont ils Foissia, Coyssia, Genissia, Felissia, Ceyseria, Mezeria, Cressia, Broissia, Moiria, Thoiria, Marnesia, Toissia, Chamberia, Sussia, Marlia, Marignia, Augia, Billia, Erya, Meyria, Nercia, Chareysia, Manzia, Duysia, Illia, Corueyssia, Chaveria, Jaya, Mespillia, Curcia, Sancia, Rotellia, &c.

Ceux du voisinage du R'hosne entre Vienne & Avignon, & les Pays voisins l'ont changé en *as*, Privas, Mornas, Vaulreas, Aubenas.

Asco ou *Asque*, est une terminaison commune en Piedmont, ou sont les familles de Piossasco, Beynasco, Frossasco, Buriasco, Briguerasco, Osasco, Cervasco, Lombriasco, Ruvilliasco, Marcenasco, Venasco, Cherasco.

De la mesme source sont sortis les noms de Venasque en Provence.

Et les noms en *ac* de l'Auuergne, du Velay, du Vivarets, & du Languedoc, qui sont en grand nombre: les principaux sont Polignac, Canillac, Severac, Florac, Marillac, Marcillac, Florensac,

Figeac, Pourdiac, Flageac, Genouillac, Bronac, Champagnac, Chavagnac, Jodac, Cardaillac, Aubignac, Rognac, Riberac, Vaillac, Moissac, Pibrac, Clerac, Fronsac, Pontac, Juliac, Naillac, Grognac, Langeac, Cognac, Girac, Gignac.

Ceux en *ieu* du Lionnois, Dauphiné, & Bresse. Coindrieu, Virieu, Bressieu, Boissieu, Cuirieu, Curieu, Bolignieu, Disemieu, Dolomieu, Marcieu, Erieu, Merieu, Visselieu, Ornacieu, Chamagneu, Champagneu, Chareyssieu, Chandieu, Chisieu, Cresensieu, Cremieu, Chanisieu, Lerieu, Conilleu, Lanieu, Toissieu, Porcieu, Vertrieu, Moirieu, Oncieu, Moidieu, Quincieu, Vernieu, Poisieu, Bourcieu, Solemieu, Mezieu, Fleurieu, Chilieu, Mespieu, Dantesieu, Chatencieu, Fossieu, Granieu, Mornieu, Amblerieu, Carisieu, Rillieu, Nerieu, Vatilieu, Marigneu, Venerieu, Seyssieu.

Outre ces terminaisons tirées du mot *acus* il y en a en *aire* & en *iere* tirées du mot *area* Sommiere *summa area* Sorbiere, Corbiere, *Corvi area* Moriniere *Morini area*, Valsiniere *Val-*

ſini area, Mauriere, Meziere, Colombiniere, Chalandaire au pays de Vaux, Chalandiere en Savoye, qui pourroit auſſi peut-eſtre venir de *Kalendarium*, Thibaudiere, Giraudiere, Chaudiere, Liniere.

En *Auge ou Euge*, Maubeuge, Argouge, Eſtieugues, Moroge, Baſoge,

En *Arge*, *Erge*, *Ergue*, *Argue*, *Age*, derivées d'*Ager*, Faverge, *Fabii*, ou *Fabarum Ager*, Ceſarge, *Cæſaris Ager*, Roüergue, *Ruthenus ager*, Camargue *Caii Marii Ager*, Marſillargues, *Marſilii Ager*, Marcaſſargues, Emargue, Gallargue, Baillargue, Bouillargue, Candillargue & Vriage, *Vrii Ager*, Lantage, Larnage, Natage, Glandage, Bernage.

En *Inges* Allinges, Sevelinges, Laringes.

Chaul & *Chau* eſt pris ſouvent en Bourgogne pour *Collis*, Colline, de la Chaudane *Collis Diana*, Chaudenay, Chauſſin, Chaugy, Chauvirey, Chaubonne, Colonges, Coulanges, Coligny.

Ieu pour *jugum*, Migeu, *medium iugum*, Beaujeu.

Chavanes, Chavanon, Chavagnieu, Chavigny, Chauvigny, Chouvigny.

Cot eſt une autre terminaiſon ancienne qui ſignifie Maiſonnette, *Cota, Caſa Tugurium*, comme remarque M. Menage en ſes origines au mot *Cotereaux* de là Mareſcot, *Marii cota ſeu caſa*, Cotivy ou Coitivy, Coetlogon, Coetquelfen, en Bretagne.

Maiſon, Maiſon-neuve, Maiſon-ſeule, leur Maiſons, Grand maiſon. *Des parties d'une maiſon*, Porte, Portes, Portail, des Portes, du Toit, Feneſtranges, Echalon, la Chambre, la Salle, *del Portico*. à Luques, Loge, Deſloges, Baſſeloge.

La Grange, Desgranges, Laborde, Deſbordes, *Borja*, ou Borgia en Eſpagne qui ſignifie la meſme choſe.

Nogent, Germoles, Vitry, Ruffey, ſont des noms communs dont nous ne ſçavons plus les veritables ſignifications.

Egliſe de l'Egliſe, de Contregliſe, *la Chieza* en Piedmont : il ſe dit Kerke en Flamand, de là Haveſquerque, Lyde Querque.

Greve, *Grave*, Belle greve, Gravier,

la Grave, Hautegraves.

Four, Fournier, Dufour, Fourneau Fournel, Dufournel, Fourchaud, Forges, des Forges.

Fay, la Faye, le Fayet, Bellefaye, Faye d'Espesses, Fay de Peraut en Vivarests.

Garde la Garde, Bellegarde.

Ker en langue Bretonne est le mesme que *Villa* en Latin, de là viennent les noms de Kercado, Kersauzon, Kerservant, Kersimon, Keraré, Kerharo, Keravion, Kergournadec, Kermassonnet, Kermaovem, Kerhoent, Kernegant, Kerlivier, & plus de deux cent autres qu'il seroit trop long de rapporter. Chaque pays à de cette sorte des noms qui signifient les possessions, les fiefs, la nature du sol, & les situations differentes, qui sont l'occasion d'une infinité de noms dont on ne connoît pas l'origine, faute de sçavoir ces langues particulieres des Provinces, ou des Pays étrangers. Les maisons passent souvent d'un pays à un autre, &y portent des noms que l'on ne connoît plus, parce qu'ils sont d'une langue que l'on n'entend pas aux pays où ces maisons s'établissent. Les Schombergs sont venus d'Allemagne en France, & leur nom en sa langue primitive est le mesme que celuy de Beaumont.

Les Allemands ont plusieurs noms derivez de cette sorte, les plus communs sont.

Feld, qui signifie champ. Mansfed, Hohenfeld, Rheinfeld, Bernfeld.

Kirch Eglise, Hohenkirch, Waldkirk, Peterskirch.

Stein, qui signifie Pierre. Rappolstein, Valstein, Vvolfstein, Fleekenstein, Dietrichstein, Losenstein, Herberstein.

Burg, Sulburg, Nevvemburg, Schonenburg, Hessemburg, Rottenburg, Offenburg.

Dorff, qui signifie un village ou un bourg, Rogendorff, Zintzendorff, Oppersdorf, Sundersdorf, Trautmandorf, Boxdorff, &c.

Bach, qui signifie une riviere Diesbach, Teuttenbach, Duefenbach, Kurtzbach, Rohrbach, Vuidebach, Sturbach, Rinderbach.

Berg, montagne. Furstenberg, *montagne du Prince* Vittemberg, Rechberg, Tannberg, Gumpenberg, Rissenberg,

Schaftenberg, Eggenberg, Schomberg, Sternberg, &c.

Stat, Ville. Bernſtat, Armſtat, Bolſtat.

Hof, Cour. Buebenhoffen, Fronhoffen, Pellenhoffen.

Hauſen, maiſon. Altenhauſen, Vindthauſen, Vvolmershauſen, Holdinghshauſen.

Holtz, bois, Bucholtz, Marenholt.

Thal, vallée, Vvolfſthal vallée des loups, Kaldenthal.

Born, fontaine, *Schomborn*, *bellefontaine*.

LES CHARGES HEREDITAIRES, ou long-temps exercées dãs les familles ont donné leurs noms à quelques-unes, comme Jean TENCKE Mareſchal de Flandres, prit le nom de Mareſchal & le laiſſa à ſa familles. Les Bouteillers Comtes de Senlis, prirent ce nom de leur office, le Veneur Comtes de Tilleres, les Comtes de Tancarville prirent le nom de Chambellans, parce qu'ils le furent des Ducs de Normandie, Senechal, Seigneurs d'Auberville en Caux. Le Senechal en Bretagne, Saultier, Salteur, *Saltuarius*, Sautel, Sautour, Sautereau.

Maire, Seigneurs de Parisi fontaine. Le Maire, des Maires, Le Mairat.

Bailly presque en toutes les Provinces.

Mistral en Dauphiné, en Savoye, & ailleurs.

M. Chorier a sçavamment écrit de l'éxercice de cette Charge, dont il a donné l'origine, & les emplois dans le onziéme livre de son Histoire de Dauphiné. §. 22.

Viger en Xaintonge, Vigier, Vigiere & Viguier, de Vicarius.

Visconti à Milan, de *Vicecomes*, Lieutenant du Juge General.

Juge, le Juge.

De Syndic en Savoye.

Le Preuost à Paris, Prevost d'Auge en Anjou, Prevost Dufort, Prevost au Comté de Bourgogne, Prevost S. Cyr.

Prepositi au pays des Grisons.

Chastelain, *Castiglioni*, *Castellani*, *Cataneo*.

Clavel, Clavier, Clavaire, Charge des Chambres des Comptes.

Chevalier, *Cavalieri*.

Cellier, de Cellieres, de *Celerarius*, & *Cellarius*.

Courrier, ancienne dignité des Prevosts des Archers, pour les Euesques Seigneurs temporels.

Le Maistre, du Maistre,

Voyer de Paulmy en Touraine.

Fourrier.

Verdier Juge des Forests.

Du Verdier, Forestier, Gruyer.

Duc, Marquis, Comte, Baron sont des noms de familles, aussi bien que Roy, le Roy, Pape Evesque, Cardinal.

Les autres Offices, ou exercices ont donné plusieurs noms aux familles, ou par sobriquet, ou autrement comme le Moine, l'Archiprestre, le Prestre, Clerc, le Clerc, le Vasseur, Vavasseur, c'est à dire sujet, Chevrier, Chapuis, Charpentier, Grolier, Sabbatier, Marchand, Mareschal, Masson, Mosnier, Meusnier, l'Huillier, Boucher, Boulanger, Fournier, Barbier, *Monachi Chirici, Capellani, Canonici, Abbati, Preti, del Vescovo, Cardinali, Papa, Alfieri, Centurioni, Tribuni, Balestrieri, Confalonieri, Sergenti.*

Pour les noms tirez des évenemens, nous avons Apelvoisin, Crevecœur, des

Dormans, Eveillechien, *Hurtado* en Espagne qui signifie *dérobé*.

Des effets de l'Amour & de l'Amitié, l'Amy, Amat, Bonnefoy, *Cari*, *Grati*, *Acetti*, *Fedeli*, *Compagni*, *Buoncompagni*, *Carafé*, *Bentivoglio*, *Diotiallevi*.

De la couleur du teint, & des cheveux. Brun, Brunet, le Roux, Rougeaut, le Noir, le Blanc, *Neri*, *Negroni*, *Foschi*, *Foscoli*, *Bruni*, *Brunelli*, *Brunetti*, *Biondi*, *Chiari*, *Rossi*, *Rufful*i, *Rossini*, *Ruffi*.

De l'Aage. Le Jeune, le Vieux, l'Enfant, *Vecchi*, à Sienes, *Giovani*, *Garzoni* à Venise, *Antiani*, *Antichi*, *Vecchioni*. *Della Vecchia*, *Vecchietti*, *Ragazzi*, *Ragazzoni*.

Pour les qualitez du corps bonnes ou vicieuses, & pour la stature, ou les parties du corps, Beau, le Beau, Belhomme, Beau fils, Grand, Petit, Pelleué, Maigret, Maupeou, Tonduti, Bossu, le Gras, Gros. En Italie, *Coscia*, *Saluacoscia*, *Buocabella*. *Buonacoscia*, *Cambacorta*, *Gambatesa*, *Gambitelli*, *Testa*, *Braccio*, Bracciolini, *Piccioli*, *Grossi*, *Piccolomini*, *Capograssi*,

Capobianchi, Beliochi, Collalto, Gigante, Nani, Trenta Capelli, Mancini, &c.

Des qualitez de l'esprit. En Italie, *Pii Mansueti, Mansi, Gentili, Clementi, Santi, Santucci, Buoni, Bonnelli, Bonhuomo, Buonsiglio*, en France Bon-homme, Bon-fils, Bonald.

Pour le Pays. Picart, le Picart, Bourgogne, le Normand, Lombard, Allemand, Bruges, l'Anglois, Tolosain, Catelan, Berruyer, Castille, Romain, &c. *Alamanni, Alamanneschi, Trivisani, Pisani, Fiaminghi, Candiani, Toschi, Spagnuoli.*

Les noms des Villes, Paris, Bourdeaux, Amiens, Beaune, Rome, Bethune, *Mantoua, di Capoua, Bologna Sarno, Pistoya, Nocera*, Cordoüa en Espagne, &c. sur quoy il faut observer ce que Vargas a écrit des noms des Maisons d'Espagne, qui se tirent des Villes, des Provinces, & autres lieux semblables qu'il y en a eu quatre causes. La premiere la possession des fiefs de ce nom. La seconde pour s'estre trouvé à la conqueste de ces places sur les Mores. La troisiéme pour estre sorti de ces lieux-là. La quatriéme pour estre descendu des Souverains qui possedoient ces Estats.

Estos renombres tomaron los nobles por una de quatro causas. La una es que los tomaron del nombre de los lugares y pueblos adonde eran heredados, y de quienes eran señores, como fueron los cavalleros del apellido de Castro, que se llamaron assi, porque fueron heredados en la Villa de Castro Xery: los de Guzman por ser señores de la Villa y torre de Guzman: los Mendoças por la Villa de Mendoça: Los Veras por la villa de Vera. La segunda es por el nombre de los pueblos que conquistaron y en cuyos vencimientes se hallaron come son los Toledos, Cordoũas, Avilas, Salamancas, Caceres, y otros semeiantes, que por haverse hallado en las dictas conquistas fueron llamados assi, y dexaron los dichos apellidos a sus descendientes. La tercera causa es que huvo otros que consiguieron sus apellidos del nombre de los lugares, Provincias, y Reynos de donde eran naturales, o Vezinos, o por aver sido sus governadores, o Capitanes generales como fueron los del apel-

lido de Iaen que ganaron este nombre por la naturaleza de aquella ciudad, y por lo mismo los Baeças, Madrides, Antequeras, Rioias, Campos, Colones, Corcos, Alemanes, Gallegos, y assi otros muchos. Finalmenee, otros huvo que tomaron sus appellidos de algunos Reynos por ser descendientes de los Reyes dellos como vemos que algunos per esta razon se appellidan de Castilla, otros de Aragon, otros de Navarra, otros de Granada.

Il distingue ces sortes de noms de ceux qu'il appelle *Alcuñas*, comme qui diroit sobriquets, ou noms pris des évenemens & des qualitez du corps, & de l'esprit. Comme par exemple il dit que l'Infant D. Fernand fils d'Alfonse le Sage pour estre né avec des poils sur l'estomach, fut apellé *de la Cerda*, & laissa ce nom à ses successeurs & descendans. Le Comte D. Rodrigue de Cisneros pour avoir donné son Cheval à Alfonse VI. en un combat où on luy avoit tué le sien, prit pour le reconnoistre un giron de sa cotte d'armes dont il fut surnommé Giron, & il ajoûte que *los appellidos de Figueroas, Hurtado, la*

Vega, Ladron, Diez, Acuña, Machuca y otros muchos Alcuñas y renombres son ganados por particulares hechos en armas, y los de Cortes, Bravo, Cano, Blanco, Prieto, Romo, Manso, Recio, Garrido, Hidalgo, Cavallero, Espadero, Gallinato, Cabero, Bermeio Coello, Verdugo, Carrillo, Criado, Guerreo. Crespo, Loçano, Alvarado, Maldonado, Serrado, Rubio, Iurado, Gallardo, Barosso, Negron, y otros semeiantes de que estan llenos los libros que de Linaie tratan, son Alcuñas, que algunos consiguieron, o de varios sucessos, o de propriedades, o de Colores, o de virtudes, o de efectos naturales que tuvieron, y por esso la voz del pueblo les puso los tales nombres, o para conocerlos, o para engrandecerlos. de la Nobleza discurs. 15.

Il sera facile de trouver de cette sorte l'origine de presque tous les surnoms que les maisons Nobles portent en quelque pays que ce soit.

Les Plantes & les animaux ont aussi fourny une infinité de noms : pour les premieres je trouve.

Des Plantes, Malherbe, du Choux, du Laurier, des Lauriers, Palmier, Roſe, Roſier, Roſieres, Roſey, Prunier, du Sauze, du Sauſey, la Sauſſaye, l'Epine, Eſpinac, Eſpinay, l'Eſpinace de *ſpinetum*, du Pin, Pinet, Pomier, des Pommiers, l'Eglantier, l'Aubeſpin, de Savine, Buiſſon, du Buiſſon, Hallier, la Haye, des Hayes, du Suzeau, du Til, de Lorme, des Ormes, Genevrier, Fougeres, Fougerais, du Houx, Charme, Charmettes, Charpene, Carpinel de *Carpinus*, Charpey, du Freſne, du Freſnoy, Sorbiere, Cormis, Cormiere, Perier, Noyer, Nogaret en langage Gaſcon, Rouſſelet, Lauziere, Hieres *Hedera*, du Cheſne, du Roure eſpece de cheſne, Boleau, D'yzerable corruption du mot Erable, la Biolle corruption du Boleau, la Peyſſe corruption de Picea eſpece de Pin, Seve, Hautefueille, du Tronc, la Souche, du Blé, Verne, la Verne, la Vergne, Vernay, des Vernays, la Vernade, Vernus, Verneuil. En Italie les noms tirez des fruits ſont *Cotogni*, *Granati*, *Peri*, *Peretti*, *Perelli*, *Peruzzi*, *Miloni*, *Molignani*, *Dattili*, *Pinelli*, *Pignoni*, *dell Vva*, des Arbres & Plantes, *Arbuſti*, *Rovere*, *Roverelli*, *Palma*, *Palmieri*,

mieri, *Oliva*, *Castagna*, *Fachinetti*. Pour les animaux, du Lion, Lionnet, Lionne, Orset, Oursieres, Ursin, Goujon, Goujeulx, Chabot, Lucy, *de Lucius* Brochet, le Loup, Louvet, Loubens, des Corbeaux, du Faulcon, l'Alloüette, Caillerot, Crecerel, Cormoran, Corbin, la Vache, Vachon, Vacheres, Vacherie, du Bœuf, du Bouc, Brac, Brague, Brachet, Basset, noms de chiens de chasse, le Geay, Rossignol, Corneille, du Cygne, En Italie *dell' Aquila*, *de Falconi*, *Passeri*, *Passerelli*, *Passerini*, *Gazza*, *Gazzelli*, *Galli*, *Galluci*, *Papagalli*, *Mosca*, *Cicogna*, *Cicala*, *Corvi*, *Corvini*, *Palombi*, *Colombi*, *Fagiani*, *Pavoni*, *Capponi*, *Elefanti*, *Leoni*, *Orsi*, *Donnorsi*, *Orsini*, *Griffi*, *Cavalli*, *Tori*, *Torelli*, *Bovi*, *Vitelli*, *Buffali*, *Cani*, *Cagnuoli*, *Cagnazzi*, *de gli Asini*, *Gatta*, *Ricci*, *Volpe*, *Lupo*, *Capra*, *Vipera*, *Pesci*, *Storioni*, *Capocefali*, *Trotta*, *Dentici*.

Pour les autres choses naturelles, *Solis*, *du Soleil*, *Luna*, de l'Estoile, du Iour, des Pierres, des Roches, Roccas, Montagne, Riviere, du Rubis, du Fer du Plomb, Estaing, Caillou, des Pierres, des Plantes, des herbes, du Vent, Vento, Midy, Orient, &c.

Pour les instrumens des Arts qui ont fourny des noms aux familles, je trouve Martel, Maillet, Gache. En Italie *Mazza*, en Angleterre *Harrov*, qui signifie la herse.

Pour les Armes & instrumens de guerre, l'Estendard, des Lances, Aubergeon, *Spada*, en Italie, *Speroni*, *Spadafora*, *Guastaferro*, *Tagliaferro*, *Lancia*, *Frezia*, *Stocco*.

Pour les habits, *Chapperon*, *Collet*, *Cappello*, à Venise, Soulier, Bonnet, Mantel.

Zapata en Espagne, *Pianello* à Genes, *Albornos*, manteau contre la pluye.

Pour les ajustemens en general, le Cointe, le Gent, Gentil, Paré.

Pour les vtensiles & autres choses semblables.

Caldera, & *Calderon*, en Espagne *Ollette* en France, *Padillas*, poëlles à frire en Espagne, *Pignatelle*, en Italie, *Chaves*, en Espagne, la Cléf, des Clefs, *Sacchi*, *Saccheti*, *Spinola* en Italie, &c. Charbon, Charbonneau, &c.

Des mois de l'année, *Gennari*, à Naples & à Milan, *Febrari*, en Sicile, *Martii*, à Ferrare & à Viterbe, *Aprili*, dans la Poüille, *Maggi* à Naples, *Giugni*, à Florence, *Agosto* à Rome.

Les noms des Saints, Saint Amadour, Saint Bonnet, Saint Clerc, Saint Ciergue, Sainte Aldegonde, Sainte Colombe, Saint Didier, Saint Dizier, Saint Gelais, Saint Gobert.

Il n'y a pas un nom propre dans la langue Hebraïque, dans l'Arabe, dans la Saxonne, & l'Allemande ancienne qui ne signifie quelque chose. Il en est de mesme des autres langues; mais il y a quantité de mots que nous ne connoissons plus, & le mélange des Nations a confondu aujourd'huy la pluspart de ces noms, & les a tellement corrompus qu'ils ne sont plus connoissables. Ainsi la maison du Bellay qui s'appelloit autrefois de Montreul, a retenu le nom d'un Berlay de Monstreul, changeant, ce nom de Berlay, qui estoit nom propre en celuy de Belay. Morlet est aussi vn nom propre d'un de la maison du Museau nommé Morlet du Museau, ceux de cette maison ont depuis retenu le nom de Morlet ; c'eſt ce changement de noms qui fait que nous ne connoiſſons plus une infinité d'Armoiries parlantes, qui auoient rapport à cés noms primitifs qui ont eſté changez.

Il paſſa quantité de maiſons Françoiſes aux Royaumes de Naples & de Sicile avec nos Princes de la maiſon d'Anjou, qui tinrent ces deux Royaumes, & en Hongrie avec les Princes de la maiſon de France qui en furent Rois. Pluſieurs s'eſtablirent en Angleterre lorſque les Anglois tenoient la Normandie, la Guyenne, le Poitou, & pluſieurs autres Provinces. Pluſieurs allerent en Eſpagne avec le Mareſchal Boucicaut contre Pierre le Cruel. Il eſt venu quantité de familles de Florence s'eſtablir en France à l'occaſion de Catherine de Medicis. Le Siege des Papes à Avignon y attira beaucoup d'Italiens. Les Princes de Luzignan attirerent des François au Royaume de Chypre les guerres d'outremer en firent établir à Acre, & en divers autres lieux. Tout cela a beaucoup ſervi à changer les noms, & à les rendre méconnoiſſables.

FIN.

TABLE
DES CHOSES PRINCIPALES
contenues en ce volume.

A

B

C

D

ROYAUMES, PROVINCES, Maisons & Communautez, dont les Armoiries sont Blasonnées en ce volume.

A.

FIN.

CORRECTIONS.

LA principale correction à faire est en la page 291. ou au lieu de *Nobili da Besci*, il faut lire *da Bezzi*, qui est une petite monnoye de Venise.

Page 189. Les Celestins portent d'azur à la Croix entortillée d'un S. d'argent.

TABLE

www.ingramcontent.com/pod-product-compliance
Ingram Content Group UK Ltd.
Pitfield, Milton Keynes, MK11 3LW, UK
UKHW020543180726
13838UKWH00001B/12